골목식당의 품격

잘되는 식당은 한 끗이 다르다

김혜경

박영사

프롤로그

"그러면 다른 집 가세요."

지난겨울, 매서운 추위가 연일 기승을 부리던 날이었다. 오랜만에 만나는 지인을 위해 식당을 예약했다. 그 식당은 방송 출연과 사람들의 입소문으로 예약조차 어려운 곳이었다. 꽤 오래전에 예약을 했음에도 불구하고 막상 도착하니 예약된 자리는 구석 쪽 불편한 자리였다. 혹시 자리를 바꿔 줄 수 없냐는 요구에 알바생의 위와 같은 대답이 돌아왔다. 기분이 불쾌했음은 물론 더 이상 말을 섞고 싶지 않아 자리를 박차고 나왔던 기억이 있다.

직업상 서비스 업종을 유심히 관찰하는 편이다. 특히, 가게에 처음 들어섰을 때, 자리를 안내받을 때, 주문을 받을 때 등 주로 첫 만남의 순간에 예민한 편이다. 첫인상이 해당 브랜드의 품격으로 머릿속에 자리 잡기 때문이다. 부정적 첫인상을 바꾸는 데에는 무려 60회 이상의 접촉이 필요하다는 결과가 나온 적이 있다.

높은 취업의 벽, 짧은 직장 수명, 매일 나아질 것 없는 오늘이 청년, 중년 할 것 없이 자영업의 시장으로 몰리고 있다. 2018년 신규 등록된 사업자는 약 760만 곳이다. 이 중 고객과 직접적 대면하는 업종인 서비스, 소매, 음식, 숙박 등의 업종은 약 320만 곳이다(2018 국세통계연보, 사업자 현황). 절반 정도가 우리가 매일 사람을 대면하는 업종인 것이다.

자영업의 비중이 높이지면서 관련 콘텐츠들이 봇물 터지듯 쏟아진다. 골목 상권 또한 그것들 중 하나다. 누구나 할 수 있지만, 누구나 성공하는 곳이 아닌 곳. 그곳이 골목 상권이다. 시장 경제가 포화에 이르면 전략을 변경해야 한다. 똑같아서는 살아남을 수 없기 때문이다. 바꿔 말하면 아주 작은 포인트 하나로 매출이 달라질 수 있다는 말이다.

언젠가 유튜브에서 본 한 광고에 감탄한 적이 있다. 그 광고의 영상은 이렇다. 어느 화창한 봄날 아침, 눈이 먼 노인 한 명이 길가에서 도움을 요청하고 있었다. 그는 다음과 같은 팻말을 옆에 두고 있었다.

'I'm Blind, please help.'
(저는 눈이 안 보입니다. 도와주세요)

그때 한 카피라이터가 그 곁을 지나가다 이 광경을 목격하곤 주머니 속 펜을 꺼내 들고 노인의 팻말을 고치기 시작했다. 팻말을 고친 카피라이터는 자리를 떠났고, 얼마 안 되어 노인의 모금함에는 돈이 쌓이기 시작했다. 그의 팻말엔 이렇게 쓰여 있었다.

It's a beautiful day, but I can't see it.'
(화창한 날입니다. 하지만 전 그것을 볼 수 없습니다)

같은 상황을 어떤 관점에서 바라보느냐에 따라 가게 매출이 달라질 수 있다. '어서 오세요'라는 말 뒤에 '만나서 반갑습니다'라는 말만 덧붙이면 고객들의 기억에 남을 수 있다.

잘되는 가게는 '한 끗'이 다르다. 매출을 바꾸는 한 끗의 힘은 아주 사소한 포인트에서 결정된다.

목차

프롤로그

1. Attitude : 태도
매뉴얼은 우리를 지속시키는 힘을 키운다

1. 고객의 마음을 함께 느끼는 것이 태도의 시작이다. 9
2. 인사도 배워야 한다. 14
3. 행동으로 표현하는 우리만의 힘 21
4. 눈 맞춤의 힘 29
5. 말 속에서 느껴지는 온도의 힘 33
6. 플러스알파가 지속시키는 힘의 차이를 만든다. 42
7. 지속시키는 힘에 향기를 입혀라! 51
8. 고객 응대의 고수! 고객의 불만과 친해져라! 57
9. 환경 관리가 지속시키는 힘을 빛나게 만든다. 69
10. 지속시키는 힘의 차이는 한 끗에서 시작된다. 75
11. 중요한 것은 챔피언이 아니라 챔피언 팀이다. 81

2. Management : 경영
가게 운영을 위한 철학은 지속시키는 힘을 강하게 만든다

1. 성공을 위해 가장 먼저 해야 할 것은 CS경영 87
2. 사람에게 집중해야 한다. 93
3. 힘을 강하게 만드는 핵심 키워드! '커뮤니케이션' 99
4. 가게에 활력을 불어넣는 스킨십 경영 105
5. 진정한 보상은 역지사지 경영이다. 112
6. 서로 성장하고 지속하는 비결, 가치를 발견하게 하라! 118

3. Leadership : 리더십
착한 리더보다는 존경받는 리더

1. 마음을 두드리는 리더가 되어야 한다. 125
2. 마음을 움직이는 리더가 되어라! 131
3. 존중을 표현하는 리더가 되어야 한다. 139
4. 속도를 맞추는 리더가 되어야 한다. 146
5. 위기에서 빛나는 능력을 보여 주는 리더십이 있어야 한다. 152

Attitude : 태도

매뉴얼은
우리를 지속시키는 힘을 키운다

1

01

고객의 마음을 함께 느끼는 것이 태도의 시작이다.

2017년 11월 17일, 그날은 심각한 허리 통증으로 치료가 예약된 날이라 A병원을 방문했다.

"안녕하세요. A병원입니다. 11월 17일 16시 30분, OOO 원장님 예약입니다. 불편 없는 진료를 도와 드리도록 최선을 다하겠습니다."

한 달에 한 번 방문이지만 예약 확인 문자 메시지 덕분에 잊지 않고 치료를 받을 수 있어 편리하다 생각했다. 그날은 시간에 여유가 있어 예약 시간보다 일찍 도착했다. 사전 예약을 해 둔 상태인지라 진료실이 있는 층으로 바로 올라가 B간호사에게 문의했다.

"제가 예약 시간보다 좀 일찍 왔는데요, 혹시 시간을 좀 당겨서 진료받을 수 있나요?"

약속 시간보다 일찍 온 것이 이내 마음에 걸려 눈치 보며 말을 건넸다. 그녀는 시선을 모니터에 둔 채 차가운 목소리로 잠시 기다리라고 말했다. 머쓱해진 나는 바로 옆 소파에 앉아 안내를 기다렸다.

10분, 20분이 지나도 누구 하나 나에게 어떤 코멘트를 남겨 주는 사람이 없었다. 시간을 마냥 보내는 것이 아까워 다시 한 번 그녀에게 물었다.

"혹시 시간이 더 걸릴까요? 더 기다려야 하면 다른 곳에 좀 다녀오려고 하는데요."

그러자 그녀 옆에 있던 다른 간호사가 내게 말을 건넸다.

"1층에서 접수하고 오셨어요?"

아무런 안내를 받지 않았던 나로서는 당황스러웠다. 그래서 되물었다.

"네? 저한테 접수하라고 하셨어요? 좀 전에 질문 드렸을 땐 그냥 기다리라고 하셨는데요?"

"저희 병원은 시스템이 1층에서 접수하고 오셔야 합니다. 지난번 치료 때 말씀 드렸는데요?"

"아니, 전 이 병원이 두 번째예요. 이 병원 시스템도 잘 모르거니와 기다리라고만 들었으니 계속 기다린 거죠."

결국 우여곡절 끝에 진료를 받았지만 집으로 돌아오는 내내 찜찜한 기분을 지울 수 없었다. 그러던 중, 최근 방문했던 D병원에서의 일이 생각났다.

그 병원은 오후 2시에 진료가 예약되어 있었다. 30분 정도 일찍 도착해서 1층에서 접수 후 2층 진료 대기실로 올라가 기다리고 있었다. 10여 분 정도의 시간이 흘렀다. 5개월 남짓 되는 임산부가 2층으로 올라와 간호사에게 질문을 했다.

"예약되어 있는데요, 여기서 이야기하면 되나요?"

"아니요 산모님. 1층 접수창구에서 이야기하고 올라오셔야 합니다."

"네, 알겠어요."

이야기를 듣고 돌아서는 산모를 간호사가 불러 세웠다.

"산모님, 내려가기 힘드시니 여기서 접수 완료 처리로 해 드릴게요."

앞의 사례와 같이 병원에서 일어난 일이었다. 원인은 서로 다르지만 두 사례 속 환자는 움직임이 불편했다. 그러나 병원 측의 태도는 달랐다. A병원은 환자를 다시 1층으로 내려보냈고, D병원은 환자의 상황을 고려해서 그 자리에서 접수 처리를 완료했다. 이 두 가지의 사례를 비교해 보면서 A병원의 환자에 대해 이런 생각을 하게 됐다.

'그 환자는 정말 진상 고객이었을까?'

기업인이자 요리 연구가인 B씨는 자영업자들을 모아 메뉴 개발이나 가게 운영에 대해 알려 주는 강연회를 개최한 적이 있다. 그곳에 온 사람 중 한 명은 족발집을 운영하는 사장이었다. 그는 B씨에게 이런 고민을 이야기했다.

"평일엔 홀에 손님들이 꽉 차요. 그런데 주말엔 별로예요. 주변에 다른 가게들과 비교했을 때 홀에 손님이 현저하게 떨어져요. 주말에 가족 손님이 방문하게 하고 싶은데 어떻게 하면 좋을까요?"

이 질문에 B씨는 의외의 답변을 내놓았다.

"사장님이 한 번 생각해 보세요. 내 가게라고 생각하지 마시고, 내가 손님이 돼서 아이들을 데리고 내 가게를 올 수 있겠어요? 못 오죠. 메뉴 구성 때문에. 사장님네 가게는 직장인들이 퇴근하면서 들릴 수는 있지만 아이들을 데리고는 못 오죠. 가족 손님을 오게 하고 싶다면, 저 같으면 주말에만 팔 수 있는 어린이 메뉴를 하나 만들죠."

실제로 그는 자신의 성공 비결에 대해서도 특별함이 있기보다는 손님의 입장에서 생각해 보는 그 마음을 알고 함께 느끼는 것이라고 이야기한 적이 있다. 이런 생각은 메뉴를 구성하는 상황에만 해당되는 것은 아니다. 고객을 응대할 때도 해당된다.

앞에서 언급된 두 병원이 환자를 대하는 태도에서 차이를 보였던 이유도 바로 여기에 있는 것이다. 병원은 아픈 곳을 치료하는 목적으로 방문한다. 환자는 몸이 아픔과 동시에 마음도 아픈 사람들이다. 내가 마주하고 있는 환자의 자세나 걸음걸이, 표정 등등만 보아도 환자의 고통을 충분히 가늠할 수 있다. 그런 환자의 마음을 알고 함께 느낄 수 있었다면 A병원에서의 응대 태도는 분명히 달랐을 것이다. 실제로 그 사례의 주인공은 방문 후기를 이렇게 남겼다.

"환자를 이해 못 하는 직원들 때문에 병을 고치러 갔다가 오히려 병을 얻어서 오는 느낌이 들었어요."

우리가 운영하는 가게에서도 이런 상황이 충분히 발생할 수 있다. 내 가게를 방문하는 고객들이 어떤 마음으로 오는지, 손님들의 기본적인 욕구는 어떤지, 내가 손님이 되어 내 가게에 온다면 직원들의 태도에 불편함을 느끼지 않는지를 생각하고 함께 느낄 수 있는 마음을 갖추는 것이 중요하다.

많은 사람들이 가게를 운영해서 성공하기 위해서는 '메뉴의 특별함'이 중요하다고 생각한다. 맞는 말이다. 그러나 그다음은 어떻게 할 것인가? 한 번 반짝 운영하고 마무리할 가게가 아니라면 그 이상의 무엇인가를 고민해 볼 필요가 있다. 마음을 사로잡을 인테리어에, 훌륭한 음식 맛을 갖췄다고 해도 재방문의 의사를 결정하는 것은 아니다. 고객의 마음에 남는 감동이 필요하다. 화려한 응대 능력을 갖추기에 앞서 고객의 마음을 알고 함께 느끼는 것이 중요한 핵심이다. 이것을 기본으로 잘 갖춰졌을 때, 우리 가게를 지속시키는 힘을 키울 수 있다.

02

인사도 배워야 한다.

최근 SNS에서 아르바이트를 하며 발생한 실수담에 대해 올라온 적이 있다.

아르바이트를 하면서 가장 기본적인 게 인사잖아요. 저도 고객이 들어올 때 '어서 오세요' 하고, 나갈 때 '안녕히 가세요'를 외치거든요. 어느 엄청 바빴던 주말에 혼자 아르바이트를 하게 되어서 계산도 하고 고객 맞이도 같이 했죠. 너무 바쁜 나머지 인사가 아니라 무슨 주문처럼, 혼자서 출입문은 보지도 않고 종소리가 들리면 중얼중얼거렸어요. 계속 '어서 오세요, 안녕히 가세요'를 무한 반복하다가 순간 헷갈려서 방금 들어온 고객에게 '어서 가세요'라고 해 버렸어요. 어찌나 민망하던지 고객도 당황하고 저도 당황하고...(출처 : 네이버 카페 '문화 충전 200%').

이 상황을 가볍게 넘길 수 있는 고객이라면 재미있는 경험으로 기억할 것이다. 그러나 그렇지 않다고 한다면 조금 난처한 상황이 발생할 수도 있다. 이처럼 사업장에서 이루어지는 인사는 적절한 타이밍 그리고 상황에 맞게 이루어져야 한다. 그래야 고객을 환영하는 의미를 표현할 수 있다.

최근 가게에서는 인사의 기능이 변하고 있다. 환영의 의미를 넘어서 자신들만의 정체성을 담는 인사말과 인사 방식들이 확산되고 있다.

네! 바로 저희들입니다 : 환영과 정체성을 담아라

처음 마주하는 대상에게 특정 이미지가 형성되기까지 다양한 원인들이 작용한다. 물론 가장 민감한 시각이 큰 비율을 차지하지만, 그것을 제외하면 청각적인 요소가 38%, 말의 내용이 7%의 비율을 차지한다(참고 : 메라비언의 법칙). 청각적인 요소에는 목소리, 말투, 음색, 소리의 크기 등이 포함된다.

2005년, 여름휴가의 일이다. 직장인으로써 첫 휴가인지라 조금 특별하게 보내고 싶었다. 무엇을 하면 좋을까 고민하다가 대학생 시절부터 꿈에 그리던 '일본에서 현지인처럼 살아 보기'를 행동으로 옮겨 보았다.

일본행 비행기에 몸을 싣고 하네다 공항에 도착 후 친구와 만나게 되었다. 꿈에 그리던 일본이라니!! 반가움도 잠시 허기를 채우기 위해 역 근처 돈부리(덮밥)집으로 향했다.

"いらっしゃいませ(이랏샤이마세)."

입구의 직원이 큰 목소리로 인사를 건넨다. 이윽고 홀에 있던 다른 직원들도, 주방에서 음식을 만들던 직원들도 같은 인사를 복창하며 환영 인사를 건넸다. 활기차게 울려 퍼지는 인사 덕분에 음식에 대한 기대감도, 여행에 대한 기대감도 높아졌다.

일본의 가게들의 고객 맞이 인사 방식이 방송을 통해 알려지기 시작하면서 우리나라의 음식점들도 이를 벤치마킹하기 시작했다. 실제 이런 경험을 한 사람들이 '다른 곳보다 더 환영받는 것 같다'라는 경험담이 확산되면서 이런 방법들을 적극적으로 활용하고 있다.

이러한 인사의 방식은 '환영'의 의미를 넘어 또 다른 의미가 추가되고 있다. 10대 후반~20대까지 젊은 여성 고객을 대상으로 하는 여성 화장품 E 브랜드는 '소녀적인 이미지와 여성스럽고 성숙한 이미지'를 동시에 표방하고 있다. 이런 브랜드의 특성을 전달하기 위해 점포로 고객이 입장이면 이렇게 인사를 건넨다.

"안녕하세요. 공주님!"

그리고 고객이 매장을 떠날 때는 이렇게 인사를 건넨다.

"안녕히 다녀오세요. 공주님!"

이런 맞이 인사를 경험하면 적잖이 당황하게 된다. 그러나 브랜드의 이미지를 알고, 직원들의 복장을 본다면 금방 이해를 하게 된다. 그리고는 '새롭다' 또는 '신선하다'라는 생각을 하게 된다. 고객들은 인사를 통해 '환영'이라는 느낌과 '즐거운 경험'에만 집중하지만 실제로 그 인사 뒤에는 숨겨진 비밀 효과가 있다. 바로 '확실한 포인트의 전달'이다.

일반적으로 사람들은 음식점을 방문한 후 '맛있다'라는 경험을 하면 그 장소에 대한 기억을 이렇게 가지고 있다. '동대문에 고기 맛있는 집', '이대역 근처에 맛있는 피자집' 이런 식이다. 이런 키워드로 검색을 해서 우리 사업장을 찾게 되면 그나마 다행인데 그렇지 못한 경우도 있다. 동대문에서 고기가 맛있는 집이 한두 곳이 아니기 때문이다. 이런 사태를 방지하기 위해, 수많은 검색 경쟁에서 살아남기 위해 파워 블로거를 동원하는 등 추가 비용과 시간을 투자하게 된다.

애먼 비용과 시간을 투자하지 말고 각자가 가진 자원을 활용해 보자. 그저 그런 밋밋한 인사보다는 각 사업장의 특성을 전달할 수 있는 '나만의 인사법'을 개발해 볼 필요가 있다. 그 인사는 독특하되 정체성을 담아야 하며, 재미가 있으되 친절함을 담고 있어야 한다.

이런 인사법을 통해 고객에게 우리를 정확히 기억시키기 위해서는 중요한 포인트가 하나 있다. 아래의 사례를 통해 살펴보자.

모처럼의 휴일을 맞아 쇼핑센터에 방문했다. 오전부터 이곳저곳을 다니다 보니 어느덧 점심시간이 가까워졌다. 쇼핑센터 지하 1층에 즐비한 음식 코너 중에서 11시 30분에 개점하는 일본식 카레집을 찾아갔다. 분위기도 직원들의 복장도 일본 분위기가 물씬 풍기는 곳이었다. 기대감을 잔뜩 품고 입장하는 순간, 일본식 인사 방식으로 하는 맞이 인사가 들려왔다. 그런데 순간, 조금 의아한 기분이 들었다. 분명 방식은 같았으나 전달하는 방식이 달랐다. 막 개점을 했을 시간임에도 불구하고 인사의 목소리에는 힘이 없고 늘어지는 말투 때문에 성의 없이 느껴졌다. '개점한 지 얼마 되지 않아서 그런가?' 생각이 들어 식사하는 동안 지속적으로 관찰해 보았다. 20여 분을 머무르는 동안 그곳의 인사 방식은 변함이 없었다. 가게 자체가 이색적인 분위기를 풍기는 탓에 고객들은 신선한 기대를 가지고 올 것이다. 그러나 직원들의 태도가 그에 미치지 못하는 것 같아 조금 아쉬운 마음이 들었다. 밥을 먹고 나가는 길, 이곳을 기억하는 고객은 몇 명이나 될까?

나만의 독특한 인사법을 개발하든, 다른 가게의 인사법을 모방하든 중요한 것은 그것을 어떻게 전달하느냐에 따라 전혀 다른 효과를 만들어 낼 수 있다는 것이다. 프랜차이즈 음식점을 방문하더라도 다른 느낌이 드는 이유는 바로 이런 차이에서 발생하게 된다.

TV에 출연하는 아이돌 가수들의 인사법은 참 독특하다. 1996년 H.O.T를 시작으로 확산된 인사법은 '하나, 둘, 셋'이라는 구호와 함께 정체성을 나타내는 인사말을 멤버 전원이 큰 소리로 외친다. 시청자들에게 자신들을 기억시킨 후, 치열한 아이돌 시장에서 살아남기 위해서이다. 고객들의 기억 속에 나를, 나의 제품들을, 나의 가게를 각인시키고 싶은가? 그렇다면 나만의 색깔을 찾아서 효과를 상승시킬 방법으로 표현해 보자.

인사가 전부일 수는 없다.

고객이 물건을 구매하기 위해 특정 가게를 방문할 때는 그것에서 경험한 내용을 바탕으로 특정 이미지를 결정짓게 된다. 그 경험은 방문하기 전부터 시작되어 방문 후, 그리고 가게를 나설 때까지 모든 순간을 포함한다. 꽤 많은 경험의 포인트 중에서 고객의 기억에는 처음과 마지막이 가장 오래 기억되는데, 그중에서 '처음'의 순간이 가장 강하게 작용한다.

그날은 모처럼 팀 회식을 점심시간에 하기로 했었다. 메뉴를 고민하던 중 회사 인근에 새로 생긴 갈빗집을 방문하기로 했다. 낮 시간부터 고기 냄새를 풍길 수는 없으니 우리 팀이 선택한 메뉴는 갈비탕! 추운 날씨와도 잘 어울린다 싶었다. 삼삼오오 팔짱을 끼고 가게로 들어서니 입구에 서 있던 직원이 우리를 맞이해 주었다.

"어서 오세요. 1층은 돼지갈비, 2층은 소갈비입니다. 어디로 안내해 드릴까요?"

"저희는 갈비탕 먹을 거예요."

"아, 그러세요? 저희 가게는 1층이 돼지갈비, 2층이 소갈비로 마련되어 있습니다."

"그럼 저희는 갈비탕 먹을 건데 어디로 가면 되나요?"

안내하던 직원은 멈칫한다. 그리고는 아무 말도 없길래 우리끼리 2층으로 올라갔다. 계단을 오르며 우리는 이런 이야기를 나눴다.

"뭐야~! 계속 저 말만 하는데 갈비탕 먹는 우리는 나가라는 소리야?"

이곳은 다른 곳과 차별화된 고객 맞이 시스템을 가지고 있었다.

가게 내부에서 고객이 이동하는 동선별로 안내하는 직원들을 배치했다. 그 직원들은 고객을 맞이하기도 하고, 중간중간 고객들이 필요 사항을 요청할 때마다 대응하기도 한다. 규모가 있는 가게에 적절한 시스템이었다. 그러나 안타깝게도 딱 거기까지였다.

고객의 '처음'이 안정적으로 기억되기 위해서는 입구에 있던 직원의 역할이 중요하다. 인사만 하고, 학습된 대로 이야기만 하면 안 된다. 낯선 곳에 방문한 고객은 요구 사항이 많다. 그래서 우리가 대비한 것과 고객의 요구 사항에 차이가 발생할 경우, 어떻게 대처할지 준비가 필요하다. 새롭게 오픈한 곳이라면 직원들이 당황해하지 않도록 경우의 수를 생각해서 직원들에게 미리 일러두어야 한다. 그래야 고객의 기억 속에, 마음속에 오래도록 남을 수 있다.

우리 가게 품격 돌아보기

1. 우리 가게만의 독특한 인사 방법이 있는가?
2. 인사 후 고객의 요구에 대응할 만한 사전 지식을 갖췄는가?
3. 손님에게 친근하게 다가가는가?

03

행동으로 표현하는 우리만의 힘

고객은 제품을 구매한 후 느끼는 최종 평가는 두 가지이다. '만족한다 또는 불만족한다'이다. 이 둘에는 다양한 이유가 존재한다. 물론 최종적인 결정은 고객의 주관적인 판단이지만 그 판단에 영향을 미치는 것은 우리의 몫이다.

신속하되 부드러워라

2000년 11월, 수학능력시험이 끝난 후, 가장 먼저 한 일은 아르바이트를 구하는 것이었다. 밤늦은 시간은 싫고, 호프집 서빙은 적성에 안 맞는 것 같고…. 고민 끝에 선택한 것이 프랜차이즈 햄버거 가게였다. 일정 수료 기간이 지난 후 드디어 고객에게 주문을 받을 수 있는 정도가 되었다.

"어서 오세요. OOOO입니다."

"네 고객님, 주문하시겠어요? 드시고 가세요? 포장해 드릴까요?"

인사와 질문을 번갈아 가며 주문을 받고 조리가 완료된 음식을 고객에게 전달을 했다. 그런데 당시 일을 하면서 때때로 식은땀 나는 상황을 겪고는 했다. 주문 대기 영수증이 3장만 쌓여도 마음이 급해지는 것이다. '음식이 늦게 나오면 어떻게 하지?'라는 생각에 마음이 쫓기기 시작하면 숨이 가빠졌다. 고객과 시선이라도 마주치면 어쩔 줄 몰라 허둥대기 일쑤였다.

한번은 햄버거 1+1 추가 증정 판촉 행사가 있었다. 점장은 평소보다 많은 고객이 몰릴 것에 대비해서 재료를 넉넉히 준비했고 직원들은 주방, 서빙대, 플로어, 백업 등 각자의 업무를 확인하고 신속하게 제품과 서비스가 제공되도록 준비를 마쳤다.

드디어 가게를 오픈했다. 평소 같으면 한산했을 오전 시간부터 고객이 조금씩 몰리기 시작했다. 주방, 서빙, 백업의 환상적인 호흡 덕분에 큰 어려움 없이 흘러가는 듯했다. 그러나 본격적으로 고객이 몰려드는 피크 타임부터 멘붕이 오기 시작했다. 문제는 나였다. 10개가 넘는 주문표와 제품을 받기 위해 서빙대만 바라보며 늘어선 고객들의 짜증 섞인 시선은 엄청난 중압감이 되어 나를 압박해 왔다. 내가 주문을 넣었는지 안 넣었는지 기억도 나지 않고, 장내의 소란 때문에 주방에서 보내는 서빙 오더가 제대로 들리지도 않았다. 허둥지둥 불안해하며 제품을 챙기고 고객에게 전달하던 중, 포장 제품을 건넨 고객이 내 눈앞에서 포장을 다시 열기 시작했다.

"고객님, 혹시 제품에 대해서 불편하신 점 있으세요?"

"아가씨가 너무 정신없어하기에 혹시 빠진 게 있나 해서 확인하는 거예요. 집에 가서 확인했는데 없으면 다시 와야 하잖아요."

고객을 만날 때는 온화한 표정과 말투가 중요하지만, 그것 못지않게 중요한 것은 편안하게 제공되는 서비스이다. 다급하고 서둘러 보이는 모습이 역동적이고 생기 넘치는 모습이라고 생각할 수도 있다. 그런 모습에 고객은 오히려 불안해한다.

'이렇게 정신없는데 주문은 제대로 들어간 거야?'

'어머, 음식은 제대로 나올까?'

고객은 오히려 불안해한다. 그것으로 인해 발생하는 실수는 고스란히 고객의 몫이 된다. 역동적인 모습은 합이 잘 맞는 모습을 바탕으로 신속하고 편안한 서비스가 제공되었을 때 가능한 것이다.

신속하고 편안한 서비스! 고객들은 어떻게 느낄까? 맛 칼럼리스트 H씨는 서울 모처의 음식점 방문 후 다음과 같은 이야기를 했다.

"그 집엔 음식 이외에도 참 인상적인 게 있어요. 잘 알려진 집이라 그런지 손님은 많아요. 그런데 분위기가 참 인간적이에요. 이게 무슨 말이냐면, 사람들이 많고 손님들이 오고 가는 테이블에 있다 보면 자리를 정리하잖아요. 그런데 정말 조용히 그릇들을 정리하세요. 손님들의 이야기에 절대 방해가 안 되죠. 그래서 같이 온 사람들하고 이야기에 집중을 할 수 있게 돼요."

특별할 것 없어 보이는 그의 말 속에는 간과해서는 안 될 '잘되는 식당'의 노하우가 담겨 있다. 우리가 평소 방문했던 음식점에서 직원들이 테이블을 정리하던 모습들을 떠올려 보자. 또는 우리 가게의 직원들이 테이블을 정리하는 모습을 떠올려 보자. 이동의 편리를 위해 그릇을 겹치는 소리가 달그락달그락한다. 심지어 옆 테이블에서 고객이 식사 중임에도 불구하고 다른 손님이 먹고 간 음식을 정리한다며 잔반을 한 그릇에 모아 음식물 찌꺼기를 만드는 모습이 연출되기도 한다. 그 소리를 듣는, 그 모습을 보는 고객들은 어떤 기분일지 한 번쯤 생각해 본 적이 있는가?

우리가 서두르면 고객은 불안하다. 고객이 우리 가게를 방문하는 목적은 단순히 음식을 먹기 위해서만은 아니다. 그것과 함께하는 사람들과의 시간, 추억을 만들러 오는 것이다. 우리에게 다녀간 '고객의 오늘'이 행복해야 다시 방문하고 싶은 생각이 들게 된다. '고객의 오늘'이 더욱 즐거워지기 위해 고객에게 제공되는 서비스는 신속하되 부드러워야 한다.

고객 리뷰 : 맛은 그럭저럭, 분위기는 별로예요.

직업상 출장이 많아 휴게소 음식점을 주로 이용하는데, 최근에 방문한 휴게소들을 보면 과거의 낙후된 시설과 서비스에서 탈피하고 독특한 콘셉트로 운영하는 곳이 많다. 그날은 출장을 마치고 서울로 돌아오는 길이었다. 끼니를 거른 탓에 늦은 점심을 먹고자 휴게소에 들렀다. 그곳은 음식 브랜드별로 각자의 구획으로 나누어져 있었다. 특정 브랜드로 결정을 하고 찾아가니 이미 피크 타임이 지나서인지 직원들은 매장에 있는 테이블 의자에 모여 앉아 이야기를 나누고 있었다. 신발을 벗고 앉거나, 의자에 다리를 올리고 앉는 등 아주 편안한 자세로 휴식 타임을 가지고 있었다. 눈에 들어온 모습만 보았을 때는 운영 시간인지 브레이크 타임인지 감이 잡히지는 않아 쭈뼛쭈뼛하며 가게로 들어갔다. 음식을 주문 후 다 먹고 나오기까지 직원들은 그 모습 그대로 있었다. 왠지 성의 없어 보이는 첫인상 때문에 음식을 먹는 순간에도 그다지 즐거움을 느낄 수는 없었다.

한 가지 상황을 가정해 보자. 가게를 운영함에 있어서 직원이 더 필요하게 되어 면접을 본다. 용모 복장이 단정하고 표정이 밝고 활기차 보이는 지원자와, 다소 덥수룩한 용모 복장에 무표정, 또는 어두운 표정의 지원자가 있다고 하면 어느 쪽을 선택할 것인가? 당연히 첫 번째의 지원자를 선택할 가능성이 높을 것이다. 그 사람이 어떤 사람인지 알아보기 위해서는 상대와 대면하는 '첫 순간의 느낌'이 중요하기 때문이다. 이것은 사람과의 관계에서뿐만 아니라 고객이 방문하는 가게에서도 동일하게 적용된다.

2018년 1월, S공영 방송사에서는 유명 요리 연구가와 함께 음식점을 찾아다니며 운영의 어려움을 해소해 주는 프로그램을 방영한 적이 있다. 스태프를 손님으로 가장해 방문하게 한 후 레시피의 문제점을 진단하고 해결해 주는 방송이었다. 문제점이 해결되고 기뻐하는 점주들의 모습을 보며 즐거워하던 중, 한 가지 의문이 드는 곳을 발견했다.

그날의 방송은 브레이크 타임에 방문해서 촬영된 모습이었다. 여느 가게와 마찬가지로 직원들은 매장에서 편안한 자세를 취하며 휴식 시간을 가지고 있었다. 손님으로 가장한 스태프가 가게로 들어섰다. 그러나 그들은 자신들만의 이야기에 심취해서 웃고 즐기느라 고객이 들어온 것을 한 박자 늦게 인지했다. 이 고객은 레시피의 사전 점검을 위해 투입된 가짜 고객이기 때문에 직원들의 모습은 크게 중요하지 않았을 것이다. 그러나 음식을 먹고 즐기기 위해 방문한 고객이라면 상황은 조금 달라질 것이다.

고객이 가게에 들어서면서 마주하게 되는 직원들이 모습이 앞서 언급한 휴게소 사례에서처럼, 방송 프로그램에서 보인 가게의 사례와 같다면 고객의 머릿속은 복잡해진다. '여기를 들어가야 해? 말아야 해?' 한 박자 늦은 환영의 인사로는 그 복잡한 마음을 해소시켜 줄 수는 없다. 그것 때문에 가게에 대해 '별로예요'라고 전반적인 판단을 하게 된다.

고객의 판단에 영향을 미치는 행동은 이것뿐만이 아니다. 고객 응대 현장에서 오랫동안 근무하면서 서비스를 구매하는 고객들은 어떤 마음을 가지고 있는지 늘 궁금했다. 관련 서적과 논문 그리고 현장에서 들을 수 있는 고객들의 이야기를 종합해 볼 때, 가장 두드러지게 나타나는 것은 '고객으로써 환영받고 인정받고 싶은 욕구'이다. 이것을 충족시켜 줄 때, 고객의 판단에 영향을 줄 수 있다. 그렇다면 고객을 고객으로 인정하는 서비스, 어떤 것들이 있을까?

20~30대가 주로 모이는 밥집, 고깃집, 캐주얼 레스토랑 등등을 방문해 보면 생기 넘치는 분위기 덕분인지 그곳을 찾아가고, 주문을 하고, 음식을 기다리는 동안 즐거운 기대감이 넘쳐 난다. 즐겁게 식사를 마치고 난 후 그곳에 대한 평가가 '음식은 그럭저럭, 분위기는 별로예요'라고 한다면 사장의 입장에서는 고민스러울 것이다. 무엇이 문제일까? 장사 경험이 오래된 경우라면 이런 반응은 고민을 넘어 자괴감에 빠질 정도의 충격일 수밖에 없다. 레시피를 점검하고 문제점을 발견했다면 수정하면 된다. 그러나 레시피의 문제가 아니

라면 문제를 다른 시각에서 바라보아야 한다. 왜 맛이 없다고 생각했을까? 그 질문에 대한 해답은 바로 '분위기는 별로예요'이다.

고객이 주문한 음식을 즐길 때 느끼는 만족감은 음식 하나에만 영향을 받지 않는다. 여러 원인 중 큰 영향력을 가지는 것은 고객 자신들을 위해 직원들이 보여 주는 태도이다. 고객은 방문한 곳에서 어떤 음식을 먹든, 어떤 물품을 구매하든 고객으로써 인정받고 싶어 한다. 그렇다면 우리 가게의 모습들을 떠올려 보자. 직원들을 어떤 모습으로 고객을 고객으로써 인정하고 있는가? 앞치마 주머니에 또는 바지 뒷주머니에, 계산대 아래 선반에 휴대폰을 올려 두고 잠깐의 틈이 날 때 흘깃흘깃 보고 있지는 않은가? 흔히 직원들이 생각할 때, 고객들은 자신들의 시간에 집중하느라 잠깐의 시간 동안 휴대폰을 보는 자신의 모습을 보지 못할 것이라고 생각한다. 그러나 안타깝게도 그렇지는 않다. 음식을 즐기며, 자신들만의 시간을 즐기며 고객의 시선은 예상외로 다양한 곳에 머무르며, 많은 정보들을 수집하게 된다. 그렇게 인지한 다양한 정보들을 종합해서 가게에 대한 종합적인 평가를 하게 된다.

앞서 휴게소의 사례에서도 이야기했던 것처럼 고객은 음식을 즐기는 동안 다양한 필요 사항들이 발생하게 된다. 그리고 그것을 해결하기 위해서는 직원들의 도움이 필요하다. 그러나 그 시점에 자신과 함께하는 이 현장이 아닌 다른 곳에 신경을 쓰고 있거나 또는 직원의 모습을 찾을 수 없다면 고객 자신에 대해 신경 쓰지 않는다고 생각한다. 이때 발생한 감정 때문에 음식을 먹는 순간이 즐겁지 않다. 그렇다면 당연히 가게를 나오며 '음식은 그럭저럭, 분위기는 별로예요'라는 판단을 해 버리게 된다.

고객의 판단을 우리가 좌지우지할 수는 없다. 대신 그 판단이 내려지기 전까지 상황에서는 우리의 역할이 크다. 우리 가게는, 우리 직원들은 어떤 모습으로 영향력을 미치고 있을까? 작고 사소한 부분에서도 고민하고 신경을 쓴다면 고객이 느끼는 서비스의 차이는 크게 달라질 것이다.

우리 가게 품격 돌아보기

1. 가게 내부에서 행동이 요란하지 않는가?
2. 뒷정리 시 불필요한 소음을 발생하지 않는가?
3. 테이블 정리 시 매장 내부에서 잔반을 만들지 않는가?
4. 고객이 있음에도 불구하고 휴대전화를 만지거나 필요 이상의 잡담을 하지 않는가?

04

눈 맞춤의 힘

경기도 여주를 방문했을 때의 일이다. 오전 업무가 끝난 후 '어탕(魚湯)'을 먹으러 갔다. 과거 '어죽(魚粥)'에 대한 상쾌하지 않은 기억이 있어 조금 망설였지만, 대접을 받는 입장이라 말없이 따라가야 했다. 음식이 나오고 멈칫하며 한 수저를 떠서 입에 넣는 순간, 신세계를 경험했다. 그것은 내가 알던 맛이 아니었다. 추어탕 같은 느낌이 들지만, 그렇다고 추어탕은 아닌, 그 집의 특유의 요리법으로 조리된 어탕은 과거의 불쾌했던 기억을 날리기에 충분했다. 음식에 너무 감동한 나머지, 계산대에 있던 사장님의 눈을 응시하며 감동의 마음을 전달했다. 식사를 마친 후 옆 가게 커피숍으로 들어가 계산을 마치고 온 동료를 기다리고 있었다. 잠시 뒤 동료가 와서 하는 말은 음식 못지않게 감동적이었다.

"네가 음식을 너무 맛있게 먹은 것 같아서 사장님이 너무 기뻤다고 하더라고. 비록 음식을 먹는 모습을 오래도록 관찰한 건 아니지만 마지막에 잘 먹었다는 인사를 건네는 네 눈빛에서 진심이 느껴지는 것이 너무 인상적이었대."

일반적으로 직원들이 고객과 만나는 시간은 얼마나 될까? 주문을 받거나, 계산 시 나누는 몇 마디의 대화가 전부라고 한다면, 그것을 시간으로 계산했을 때 대략 3분 이내의 시간이 될 것이다. 이 짧은 시간 동안, 고객에게 무엇을 전달할 수 있을까 싶은 생각이 들겠지만, 앞선 사례에서처럼 예상외로 많은 느낌을 주고받을 수 있다. 그것의 주된 역할을 담당하는 것이 바로 '눈 맞춤'이다.

고객 응대에 대한 기본 과정의 교육을 할 때, 또는 커뮤니케이션과 관련된 기본 교육을 할 때 반드시 강의하는 내용이 아이 콘택트, 즉 '눈 맞춤'이다. 보통 이론이 아닌 실습으로 진행되는 경우가 많다. 두 명씩 짝을 지으라고 한 후 서로를 마주 보게 한다. 아직 정식 실습이 진행되지는 않았지만 서로가 마주 보는 순간, 여기저기서 '깔깔' 하고 웃음이 터져 나온다. 교육생들을 진정시킨 후 실습을 하기 전, 서로의 눈을 잠시 바라보라고 한다. 말이 떨어지기 무섭게 여기저기서 '피식' 하고 웃더니 이내 고개를 돌리거나 몸을 돌려 자지러지게 웃는 모습을 보게 된다. 긴 시간이든 짧은 시간이든 상대의 눈을 바라본다는 것은 여간해서 쉬운 일은 아니다. 그러나 눈 맞춤이 가진 힘을 안다면 더 이상 그것을 어려워하지 않을 것이다.

"다시 말해 봐. 너 그 말이 진심이야? 내 눈 똑바로 보고 이야기해!"

드라마에서 자주 볼 수 있는 대사이다. 저런 장면이 나올 때마다 왜 꼭 눈을 보고 이야기하라고 할까? 눈빛은 사람의 마음을 담고 있기 때문이다. 그래서 속마음과는 다른 이야기를 할 경우 눈빛이 흔들리거나 상대의 눈을 피하게 되기 때문에 속마음이 들통나고 만다. 이처럼 눈 맞춤에는 상대에 대한 마음을 담을 수 있다. 고객과 마주

할 때도 눈 맞춤으로 환영의 의미, 반가움의 의미, 감동의 의미를 모두 표현할 수 있다. 긴 말을 사용하지 않더라도 눈 맞춤으로 의미를 완전하게 표현할 수 있고, 대화 시 활용하면 전달하고 싶은 의미를 더욱 극대화할 수 있다. 그러나 우리는 또는 직원들은 고객과 이야기할 때 그들의 눈을 얼마나 바라볼까? 주문을 할 때는 오로지 주문표만 바라본다. 계산을 할 때는 손으로는 거스름돈을 건네지만 시선은 기기의 화면을 바라보거나 매장 내부를 향하게 된다. 마주하는 사람의 눈이 나를 향하지 않는다면 나에게 무엇인가를 숨기고 있다 또는 나를 무시한다 등으로 오해를 만들 수 있다. 그렇다고 무의미하게 상대를 바라보라는 말은 아니다.

"눈 맞춤은 완전한 집중의 표현이지만, 집중은 눈 맞춤만이 아니라 더 많은 것을 포함하는 말이다. 눈뿐 아니라 모든 의식을 함께 집중해야 한다. 아마 완전한 집중과 상반되는 경험을 해 보았을 것이다. 누군가 당신을 보며 백 퍼센트 눈을 맞추지만, 불은 켜져 있으나 집에는 아무도 없다는 느낌을 받은 경우가 있을 것이다. 그 순간에 상대방은 가짜로 듣는 척하는 것이다"(출처 : 『끌리는 사람의 백만불짜리 매력』, 브라이언 트레이시 & 론 아덴).

위의 이야기에서처럼 상대와 눈을 맞출 때는 문자 그대로 눈만 맞추는 것이 아니라 상대에 대한 집중의 느낌을 담아야 한다. 그런데 이때 주의해야 할 점은 집중의 느낌이 너무 과해서도 안 된다. 이것은 상대가 이성일수록, 그리고 고객일수록 더욱 주의해야 한다. 자칫 상대로 하여금 불필요한 오해를 사거나 감시당하고 있다는 느낌을 줄 수 있기 때문이다. 그렇다면 고객을 대상으로는 어느 정도의 느낌을 가진 눈 맞춤이 좋을까? 지그시 오래도록 바라보는 눈 맞춤보다는 집중하고 있음에 대한 느낌을 적당히 전달할 수 있는 '5초' 정도의 짧고 간헐적인 눈 맞춤이 중요하다.

눈을 바라보고 건네는 '안녕히 가세요'와 바닥을 바라보고 건네는 '안녕히 가세요'는 분명히 다른 느낌을 전달한다. 고객과의 짧은 대화에서도 고객의 마음을 움직이고 싶은가? 그렇다면 대화 시 고객과 눈을 맞춰라. 짧지만 인상 깊은 눈 맞춤을 통해 우리만이 가진 서비스의 진심을 전달할 수 있다.

우리 가게 품격 돌아보기

1. 계산 시 고객의 시선을 적절히 응시하는가?
2. 주문을 받을 때 주문서, 또는 메뉴판만 바라보며 대화하지 않는가?
3. 식사 중인 테이블을 관찰하며 고객의 필요 사항을 미리 확인하는가?
4. 고객을 향한 시선이 오래되어 불쾌감을 주고 있지는 않은가?

05

말 속에서 느껴지는 온도의 힘

매년 새해가 되면 직원들을 대상으로 진행할 연간 교육 일정과 주제를 설정한다. 그리고 고객 응대 현장에서 특정 이슈가 발생했을 경우에는 단기간으로 교육을 진행하게 된다. 교육 자료 준비를 위해 고객의 칭찬과 불만 사례를 조사하다 보면 특이한 점을 발견하게 된다. 칭찬과 불만은 말 한마디의 차이라는 것이다.

대기 시간이 10분 정도 걸립니다.

당일치기 지방 출장 일정을 마치고 집에 도착하니 저녁 6시였다. 얼른 집으로 들어가 쉬고 싶은 마음이 굴뚝같았지만, 장거리 운전으로 지친 몸은 쉽사리 움직일 생각을 하지 않았다. 운전석에 가만히 앉아 의미 없이 액셀러레이터를 밟았다 떼기를 반복하고 있으니 기어 박스에서 소리가 나는 것을 발견했다. 머지않아 또 장거리 출장이 예정되어 있어 안전이 걱정되었다. 다음 날, 급히 정비소로 갔다. 차량 상태의 점검을 마친 엔지니어가 다가와 이렇게 이야기했다.

"작업이 끝날 때까지 3시간 정도 걸립니다."

"왜요?"

"일단 자동차 하부의 일부를 탈거해야 하고, 교체 부품이 저희한테 없어요. 주문하고, 도착해서 작업하면 대략 3시간 정도 걸립니다."

대기 시간에 대해 미리 알려 준 것은 참 고마운 일이었다. 그러나 알 수 없는 이 불편함은 어디에서 오는 걸까?

고객은 물건을 구매하면서 금액을 지불하게 된다. 그에 따라 다양한 만족감을 얻고자 한다. 물건이 되었든 음식이 되었든 그것을 오랫동안 찾고 바라던 것이라면 많은 금액을 지불하고서라도 행복감을 얻기를 바랄 것이고, 희소성을 가진 물건이라면 행복감은 더욱 클 것이다. 이런 만족감들은 개인에 따라 차이가 발생한다. 그뿐만 아니라 모든 고객들은 고객으로써 느끼고 싶어 하는 만족감이 있는데, 그것은 바로 '모든 서비스가 자신의 위주로 돌아가기를 바란다'라는 것이다.

보통 음식점에서 주문을 하면 짧게는 5분, 길게는 10분 이내에 음식이 나온다. 가게의 사정상 그것보다 조금 오래 걸린다면, 앞선 사례에서처럼 '시간이 조금 오래 걸립니다'라고 이야기한다. 이런 경우 고객의 반응은 한결같이 '왜요?'라고 반문하게 된다. 이 말은 단순히 궁금해서 질문하는 것이 아니다. 그것을 넘어 '다른 곳은 그렇지 않은데, 여기는 왜 이렇게 오래 걸리나?'라는 불편한 감정이 숨어 있다. 그리고 이유를 되물어야 하는 불편함도 포함되어 있다. 고객은 내부의 사정을 알 수 없으니 답답한 것인데, 접객의 기본이 지켜지지 않으니 당연히 고객에게 좋은 평가를 기대하기 힘들다.

다양한 음식점을 다니다 보면 독특한 문구를 작성해 벽면에 붙여 두는 곳들이 있다. 그중에 인상 깊었던 곳이 있다. '최상의 맛을 제공하기 위해 주문 후 바로 음식을 만듭니다. 시간이 조금 오래 걸리더라도 양해 부탁드립니다'라는 것이다. 평범한 문장 하나가 무슨 의미가 있겠나 싶지만, 인상 깊었다고 느낀 포인트는 다른 곳에 있었다. 직원 한 명이 고객의 주문을 확인한 후 이렇게 이야기한다.

"저희는 주문 즉시 음식을 만듭니다. 시간이 조금 오래 걸려도 괜찮으세요?"

홍대에 소재한 음식점의 메뉴판

그 가게의 특별한 점은 문장이 아니라 주문을 받는 직원들의 말 속에 있었다. 고객의 시선이 닿는 곳에 사전 고지를 했다고 해서 그것으로 끝나는 것이 아니었다. 주문이 확인되면 즉시 고객에게 가게의 조리 방침을 전달한다. 자신이 정리한 물건의 위치는 본인이 제일 잘 알겠지만 가게가 낯선 고객의 시야에는 물건들이 눈에 잘 들어오지 않는다. 마찬가지로 내가 고지해 둔 부착물은 고객들이 쉽게 발견하지 못한다는 사실을 알아야 한다. 그런 점에서 이 가게는 고객의 입장을 생각해서 고객을 배려한 서비스를 제공했다.

한 가지 더 특별했던 점은 시간이 오래 걸리는 것에 대한 이유를 표현하는 방법이었다. 조리법이 특이하다든지, 넉넉하게 작업할 조리 인원을 배치할 수 없다든지 속사정은 다양할 것이다. 그러나 이런 복잡한 이야기들을 고객이 거부감 없이 받아들일 수 있도록 '최상의 맛을 제공하기 위함'이라는 달콤한 핑계를 내세워 고객 위주의 서비스를 한껏 부각시켰다.

우리나라에 '서비스'라는 개념이 도입이 된 지도 20여 년 정도가 지났다. 그 이후로 불과 몇 년 전까지 시장에서는 '고객은 왕이다'라는 인식이 널리 확산되었다. 물론 최근 2015년부터 불거져 온 '고객 갑질'이라는 사회적 화젯거리 때문에 고객을 왕과 같은 등급까지는 올려 두지 않는다. 그러나 서로가 필요에 따라 물건과 돈을 주고받기는 하지만, 아직까지는 금액을 지불하는 쪽이 조금 더 우위에 있는 것이 사실이기는 하다. 인정하기 어렵다고 말할 수도 있겠다. 그러나 내가 돈을 지불하는 쪽이 되어 보자. 분명 물건을 제공하는 입장이 되었을 때와는 다른 마음이 생길 것이다. 이런 관점을 가지고 내 가게에 오는 고객들을 바라보면 같은 이야기도 어떻게 해야 우리 가게의 품격을 높일 수 있을지가 보일 것이다.

고객님! 그래서 뭘 주문하실 거예요?

일상생활과 관련된 재미있는 테스트를 한 가지 해 보자.
아래의 질문을 읽고 '그렇다' 또는 '아니다'라고 답변하세요.

1. 메뉴를 선택하는 게 힘들다. 보통은 타인이 결정해 준 메뉴를 그냥 먹는다.
2. 혼자 옷을 잘 못 산다. 옆에 결정해 줄 친구가 있어야 마음이 편하다.
3. 질문을 받게 되면 대부분 '글쎄', '아마도'라고 얼버무리는 경우가 많다.
4. 사소한 결정을 부탁하는 글을 인터넷에 올린 적이 있다.
5. TV프로그램을 선택하지 못해 계속 채널을 돌리곤 한다.
6. 누군가에게 선택을 강요받으면 극심한 스트레스를 받는다.
7. 제대로 선택하지 못해 일상생활에서 피해를 받은 적이 있다.

위의 질문에서 '그렇다'의 답변이 0~2개인 경우, 지극히 평범하거나 조금 우유부단할 뿐이라고 한다. '그렇다'의 답변이 3~5개인 경우, 결정 장애 초기 단계로 본인은 물론이거니와 주변인들이 조금 답답해할 가능성이 있다고 한다. 마지막으로 '그렇다'의 답변이 6개 이상인 경우라면 '결정 장애'를 조금 의심해 볼 필요가 있다고 한다. 결정 장애라는 것이 생활에 심각한 지장을 끼치는 것은 아니지만 직원으로써 이런 고객을 만난 경우라면 조금 힘들 수도 있다.

카페에 가서 고객들의 모습을 보고 있으면 흥미로운 광경이 펼쳐지는 경우가 있다. 고객은 계산대 앞에 서서 메뉴판을 한참 올려다본다. 직원은 그런 고객을 빤히 보고 있거나 먼 산을 보고 있으면서 고객이 주문하기를 기다린다. 30초가 채 되기 전에, 고객의 주문이 없으면 직원은 뒤돌아서서 다른 곳으로 간다. 계산대 밑 서랍을 정리하거나 또는 다른 직원들과 이야기를 나눈다. 한참을 고민하던 고객은 결정을 내렸는지 직원을 찾기 위해 이리저리 둘러본다. 이윽고 이렇게 이야기 한다. "저기요~"

이런 모습은 카페에서뿐만 아니라 음식점에서도 종종 발생한다. 고객이 들어오면 물병과 물컵을 가져다준 후 잠시 뒤 '주문하시겠어요?'라고 물으며 다가와서 고객이 넘기는 메뉴판을 같이 보고만 있다. 결정을 내리지 못하고 고민하고 있는 느낌이 들면 "결정하시면 말씀해 주세요"라고 이야기를 남기고 가는 직원이 있는 반면, 그냥 휙 돌아서는 경우도 있다. 간혹 이런 상황을 마주칠 때마다 조금 냉랭하면서 어색한 이 상황을 어떻게 행동해야 서비스가 품격 있게 보일까 고민하게 된다.

1. 주문의 여부를 먼저 물어보자

우스갯소리로 하는 말 중에 '사람이 살면서 감추지 못하는 것이 있다'라고 한다. 무엇일까? '반사적으로 나오는 재채기'와 '누군가를 좋아하는 마음'이라고 한다. 마음은 표현되지 않는 것인데 어떻게 감추지 못하는 것일까? 표정, 눈빛 때문이다. 스스로가 통제하지 못하는 사이에 표정에서, 눈빛에서 그 감정들이 표현되기 때문이다.

한 번쯤은 직원들이 일하는 모습을 볼 때, 그 표정을 유심히 관찰할 필요가 있다. 생기 없는 표정에 말끝이 늘어지는 말투까지 더해지면 불친절하지는 않지만 왠지 모르게 불쾌감이 든다. 이런 표정과 말투로 계산대 앞에서 망설이고 있는 고객을 빤히 바라보다 휙 하고 돌아선다면 고객은 어떤 기분이 들까? 고객의 입장에서 말하는 솔직한 표현을 빌리자면, '내 돈 내고 먹으러 온 상황'이다. 그런데 직원은 미묘한 느낌을 풍기며 서 있다가 주문도 받지 않은 채 말없이 휙 돌아가 버린다. '굳이 이렇게 미묘한 불쾌감을 느낄 필요가 있을까?'라는 생각을 하게 된다. 이 상황에서 고객이 할 수 있는 최선의 선택은 다시 오지 않으면 되는 것이다.

'그렇다고 고객이 주문할 때까지 빤히 바라보고 있을 수 없잖아요?'라고 반문할 수도 있다. 물론 그렇게 한다면 서로가 민망한 상황이 발생하거나, 예상치 못한 오해를 불러일으킬 수도 있다. 합창하듯 건네는 '어서 오세요'라는 인사를 한 후 아무 말 없이 건조한 표정으로 고객을 바라보지 말고, 주문의 여부를 먼저 물어보자. 그러면 고객은 '잠시만요'라고 하거나 또는 메뉴에 대한 궁금한 것을 질문할 것이다. '잠시만요'라고 이야기한 고객의 기다림이 생각보다 길어질 경우, 휙 돌아서지 말고 양해를 구해야 한다. 분명 기다려 달라는 의사를 표현했음에도 불구하고 말없이 돌아서는 직원의 모습을 본다면 '무시당했다'라는 생각에 불쾌감을 가질 수 있다. 고객의 의사를 묻는 적극적인 표현을 통해 가게와 직원들의 품격을 높일 수 있다.

2. 범위를 줄여 가며 제안하라

넘쳐 나는 정보와 콘텐츠, 상품들 속에 살고 있는 현대인들은 넓어진 선택의 폭 탓에 쉽게 결단을 내리지 못하고 고민하는 경우가 종종 있다. 이런 선택의 어려움은 어린 시절, 부모의 선택과 결정에 의존하며 보냈다면 그런 성향이 더욱 뚜렷하게 나타날 가능성이 있다고 한다. 심한 경우, 선택의 상황에서 극한 스트레스를 받는 경우도 있다고 하는데, 선택의 어려움을 겪고 있는 고객에게 도움을 주는 것만으로도 우리의 품격을 높일 수 있다.

주문을 망설이는 이유는 먹고 싶은 것이든, 메뉴의 종류이든 선택의 폭이 넓기 때문이다. 이런 고객들에게는 선택의 폭을 줄여 주는 것이 필요하다. 보통 주문을 받으러 온 직원들의 모습을 보면 고객 옆에 서서 무표정으로 메뉴판을 내려다보고 있다. 이런 행동이 직원으로써 품격을 낮추는 행위이다. 반대로 이야기하면, 이 순간이 고객의 결정 장애를 돕고 우리의 품격을 높일 수 있을 때이다. 무표정으로 멍하니 메뉴판을 보지 말고 고객의 이야기를 같이 듣고, 선택의 범위를 정해 주는 것이 필요하다. 뜨거운 음식이 좋은지, 차가운 음식이 좋은지, 매콤한 음식이 좋은지, 달콤한 음식이 좋은지. 고객들의 대화 속에 모든 정보가 숨겨져 있다. 그 정보를 바탕으로 우리 가게의 다른 고객들이 선호하는 음식들과 연결을 시켜 제안을 하는 것도 좋고, 고객들의 의견을 취합해서 특정 방향을 제안하는 것도 좋은 방법이다. 아니면 가게에서 주력하고 있는 음식을 제안해도 좋겠다. 이런 행동은 메뉴판에 '추천 메뉴'라고 써 두는 것과는 차원이 다른 느낌을 전달한다.

품격 있는 서비스를 전달하기 위해 직원들의 언어를 다듬는 것도 중요하다. 그러나 그것 못지않게 중요한 것은 현장에서 근무하는 직원들이 고객과의 깊은 호흡을 통해 품격 있는 서비스의 전달 역할을 얼마나 잘하느냐 또한 중요하다. 고객과 마주하는 상황에서 대화를 숨기지 말아야 한다. 대화로 고객과 호흡해야 한다.

우리 가게 품격 돌아보기

1. 음식이 제공되기까지 걸리는 시간을 상세히 안내하는가?
   (주문이 밀리거나 조리 시간이 오래 걸리는 경우)
2. 메뉴 결정의 시간이 오래 걸릴 것 같은 경우, 사전에 양해 멘트를 하고 이동하는가?
3. 주문을 망설이는 고객에게 적절한 제안을 하는가?

06

플러스알파가 지속시키는 힘의 차이를 만든다.

기업에서 '고객 만족'과 관련된 교육을 하다 보면 업무 현장과 교육과의 괴리가 발생하는 경우가 있다. 고객이 직접 느끼는 만족을 위한 직원들의 능력 향상보다는 '만족도 조사 기준'에 따라 하위 점수 항목을 강화시키기 위한 매뉴얼 내용을 교육하기 때문이다. 기준을 교육하고, 그 기준대로 응대하는 것이 뭐가 어렵냐고 생각할 수 있다. 그러나 그 기준이라는 것을 현장에 비추어 보면 100% 일치하지 않는 것들이 많다. 현장의 일은 일대로 해야 하고, 기준에 맞는 응대는 응대대로 하고.... 그렇게 하다 보면 어느 누구도 만족스러운 응대를 하지 못해 고민이라고 한다. 그래서 직원들은 '고객 응대'라는 것이 어렵고 까다롭다고 이야기한다.

10년이 넘는 시간 동안, 분야별 특성을 반영하지 못한 조사 기준을 고객 현장에 지속적으로 반영한다면, 이런 일들은 꾸준하게 발생할 것이다. 그러면 어떻게 해야 직원들이 '고객 응대'를 부담 없이 느낄 수 있을까?

플러스알파에 주목해야 한다.

"콩나물 1,000원어치만 주세요."

"여기 있다. 조금 더 넣었어."

어린 시절, 심부름으로 식료품을 사러 가면 한 주먹 또는 두어 개 정도 더 넣어 주는 일들이 있었다. 어려운 경제 시절을 보내던 어르신들이 모두가 어려운 처지임을 알고 '덤'이라는 형태로 마음을 담아 건넸다. 대한민국 사회가 '정(情)'이라는 단어로 단단히 묶여 있던 시절이기 때문에 이런 행위를 통해 상대의 '마음'을 느낄 수 있었다. 이런 마음이 경제 성장의 변화 속에 들어가며 마음을 넘어선 '특별함'으로 인식하게 되었다.

1. '마음'이 그리운 시대, 틈새를 공략하라

이른 아침, 높은 빌딩 숲 사이로 직장인들이 분주히 지나간다. 어제의 야근으로 지친 직장인들에게 '모닝커피'는 오아시스와 같은 것! 출근길, 이어폰을 꽂고 휴대폰만 보며 걷던 여성은 '픽업대에서 기다리고 있어요'라는 알람이 뜨자 50m 앞 카페로 들어간다. 여러 개의 커피 잔들 중에서 자신의 주문 번호를 확인한 후 커피 한 잔을 집어 든다. '감사합니다'라고 멋쩍게 인사하는 직원에게 멋쩍은 표정을 짓고는 뒤돌아서 유유히 거리로 나선다.

1980년대, 약속 장소에 상대가 나오지 않았다면 하염없이 기다리던 시대였다. 물론 지금은 상상조차 할 수 없는 일이다. 그러나 그 시대에는 상대를 기다리는 그 시간조차 '설렘'이라 부르며 즐기던 시대였다. 1982년에 출시된 '삐삐'는 1993년이 되어 대중화가 되었고 사람들은 연결하는 수단으로 확대, 활성화가 되었다. 그리고 2010년 등장한 카카오톡(Kakao Talk)메신저로 사람들은 더욱 빠르고 편리하게 연결되었다. 연결의 신속함과 편리함은 사람들의 생활을 더욱 안락하게 만들었다. 반면, 사람과 사람이 만나 직접적으로 소통하는 기회가 줄어들다 보니 감정을 전달하고 받아들이는 것을 어색하게 여기는 사람들이 늘고 있다.

이른 아침 출근길, 차에 시동을 걸고 커피 한 잔을 주문한다. '하이 빅스비(Bixby), 근처 OOO 매장에서 아메리카노 주문해 줘.' 기존의 방식과 다르게 한 걸음 진화된 방법이다. 사례에서 소개된 방법과는 다르게 인공지능(AI) 가상 비서를 통해 손가락 하나 까딱하지 않고 주문 및 결제까지 한다. 주문한 커피 전문점까지 가서 차에서 내리지도 않은 채 '드라이브 스루(Drive Through)'를 이용해서 커피를 받아 들고 회사로 출근한다. 이렇게 사람들의 생활을 점차 편리해지지만 타인과의 접촉 횟수는 점차 줄어들고 있다.

2000년대 초반, 졸업 논문을 위해 일본의 작가 '아베코보(Abekobo)'의 '도둑들'이라는 작품을 선택했다. 어느 늦은 밤, 혼자 사는 남성의 집에 낯선 가족 7명이 찾아든다. 그리고 남성에게 '우리는 당신의 가족입니다'라고 말한다. 남성은 '나는 혼자서도 잘살고 있어요'라고 이야기하며 가족들과 갈등 아닌 갈등을 겪으며 이야기가 전개된다. 당시 논문 작품과 관련된 내 의견을 이렇게 썼다.

'이 작품은 단순히 가족 사기단의 이야기는 아니다. IT 기술이 급격히 전파되기 시작하면 우리는 휴대폰 하나만으로도 외롭지 않게 지낼 수 있는 시대가 올 것이다. 그러나 사회라는 것이 유지되기 위해서는 개개인이 유기적으로 연결되어야 한다. 혼자이고 싶은 개인(남성)에게 연결되고 싶어 하는 누군가의 역할(가족)이 필요하다.'

실제 그런 시대가 되었다. 치킨의 주문도, 커피의 주문도 잠깐의 대화조차 없이 모든 것이 가능하게 되었다. 일상생활에서 이런 변화는 자연스럽게 받아들여지고 있다. 그러나 '서비스 현장'에서는 고객이 느끼는 '만족'이라는 것이 제품에서만 비롯되는 것이 아니기 때문에 건조한 감정의 표현은 '불편함'으로 느끼게 되고, 이것은 가게에 대한 평가와 재방문에 직접적으로 연관이 된다. 내가 운영하는 가게에서 이런 불편함이 발생하면 어떻게 해결해야 할까? 해결보다는 '사전 방지'를 추천한다.

지금까지 이야기한 것처럼 얼굴을 직접 마주하지 않는 '비대면(非對面) 사회'에 살면서 마음을 느끼거나 표현하는 것에 무뎌진 채 살아가고 있지만, 한편으로는 그것을 그리워하기도 한다. 앞서 이야기한 '빌딩숲 커피 여성'이 만난 직원은 고객에게 멋쩍게 인사를 건넨다. 마음을 표현하는 것이 어색하기 때문에 그 상황이 부끄러워 단편적인 인사를 어색하고 건조하게 전달한다. 이런 인사를 여성 또한 멋쩍게 받아들인다. 정(情)을 그리워하지만 느껴 본 경험이 적기 때문에 어떻게 받아들여야 하는지 망설이게 된다. 서로가 민망한 상황에서 고객은 아무 감동 없이 가게를 나서게 된다. 또 다른 고객은 이런 상황이 불편하다 또는 불친절한 것 같다는 생각을 하게 된다. 마음을 느끼고 싶어 하지만 표현하기도, 받아들이기도 어색한 복잡

미묘한 상황에서 고객의 불편함을 줄이기 위해서는 '한마디 더 하는 인사'가 필요하다.

예시A 1) "주문하신 음식 나왔습니다."
2) "주문하신 음식 나왔습니다. 따뜻할 때 드시면 더욱 맛있습니다. 맛있게 드세요."

예시B 1) "어서 오세요. 주문하시겠어요?"
2) "또 오셨네요? 어제 주문하셨던 대로 따뜻한 아메리카노 주문하시겠어요?"

각 예시의 대화 1, 2는 같은 상황이다. 그러나 자세히 들여다보면 표현의 방법에는 차이가 있다. 만일 내가 각 상황의 고객이라면 어느 대화에서 '마음'을 느낄 수 있게 될까? 대화 속에 담아 전달하는 마음은 마음을 넘어 특별함으로 느끼게 된다. 그리고 그것은 특별함을 넘어 작지만 강한 효과를 만들어 낸다. '마음'이 그리운 시대, 틈새를 공략하기 위한 방법은 아주 쉽다. 늘 하던 대화에 '한마디 더 하는 인사'이다. 고객을 맞이할 때, 음식을 서빙할 때, 고객을 배웅할 때, 마음을 전달하는 것은 다른 가게와 차별을 만들 수 있는 중요한 전략이 된다.

2. 기본을 다지는 노력, 현장에 답이 있다.

며칠째 야근을 지속했던 어느 날의 이야기다. 하루에 네 시간 정도 잠들고 다음 날 2시간 이상 운전하기를 밥 먹듯이 하다 보니 체력 고갈을 뼈저리게 느끼기 시작했다. 이런 나에게 보상이라도 해야겠다는 생각이 들어 그날의 점심은 설렁탕으로 선택했다. 일대에서 나름 맛집으로 소문난 곳을 수소문해서 주문 후 음식을 기다렸다. 잠시 뒤 뽀얀 국물을 자랑하며 음식이 나왔다. 한껏 기대에 부풀어 첫 수저를 떠서 입에 넣은 순간!

'으응? 뭐지? 뭐지? 소가 장화를 신은 채 발만 담그고 지나갔나?'

설렁탕의 생명은 단연 깊이 있는 국물의 맛! 아쉽게도 그곳은 그 포인트를 충족시키지 못했다. '왜 그런지 물어볼까?' 잠시 망설였지만 괜히 고객 갑질이다 뭐다 말이 많아질 것 같아 참기로 하고 계산할 때 슬쩍 이야기하기로 마음먹었다. 식사를 마치고 계산대로 갔다.

"9,000원입니다."

짧은 말 한마디를 건네고 계산을 마친 뒤 직원은 다른 곳으로 가버렸다. 아쉽고도 씁쓸한 마음을 뒤로한 채 가게를 나섰다.

2001년 우리나라 간판급 프랜차이즈 회사에서 야심찬 햄버거 하나를 출시했다. 그 이름은 바로 '김치 버거.' 기존 자사 제품의 '라이스 버거' 인기에 힘입어 대한민국 국민들의 정서와 햄버거를 잘 융합시킨 두 번째 야심작이었다. 당시 관계자의 이야기에 의하면 우리나라의 김치 맛은 원자재 재배 지역의 특성과 사용 재료의 차이에 따라 전국 8도의 김치 맛이 미묘하게 다르기 때문에 그 맛의 평균점을 찾기 위해 2년이 넘도록 전국 8도를 돌아다니며 연구를 거듭했다고 한다. 출시 초반, 각 가맹점들은 손님들에게 제품을 홍보하기 위해 적극적으로 제안을 하기에만 급했을 뿐, 고객들의 반응에는 큰 관심을 두지 않았다. 실제로는 '김치'와 '햄버거'라는 단어에 가지고 있던 인식의 차이 때문에 선뜻 구매를 망설이는 경우가 많았고, 맛은 본 손님들 중에서도 호불호가 명확히 갈리기도 했다.

경기도 수원시에 가면 '통닭 골목'이 있다. 이미 여러 차례 방송에 등장한 탓에 주말이면 사람들이 줄을 서는 곳이다. 방송에 등장한 맛집을 중심으로 사람들이 북적이고 그 사이로 다른 통닭집들도 덩달아 함께 북적인다. 많은 인파를 피해 조금 여유가 있는 곳을 방문해서 음식을 시켜 보면 왜 이 집은 딱 이 정도의 인파가 몰리는지 알게 된다. 북적이는 인가 점포 덕분에 몰려드는 손님들에게 '장사'를 하기에만 바빴을 뿐, 한 걸음 더 발전할 노력은 하지 않았다. 발전의 원동력이 현장에 넘쳐 나는데도 말이다.

기업에서 근무하다 보면 고객들의 다양한 불만의 이야기를 접하게 된다. 그중에서 직원들의 고객 응대 태도에 대한 불만을 제기하는 내용도 있지만 제품에 대해 만족스럽지 못한 내용이 직원들의 응대 태도의 평가에까지 영향을 미쳐 불만을 표현하게 되는 사례들도 있다. 공들여 개발한 나의 음식이 모든 고개들의 입맛에 정확히 맞을 수는 없다. 그러나 그 맛을 찾기 위해 노력하는 모습을 보여 준다면 고객은 '맛'에 대해 또 다른 기대를 하고 방문하게 될 것이다. 그리고 그런 노력 덕분에 내 직원들이 고객에게 보여 주는 모습은 한층 더 가치 있게 평가될 것이다. 계산하기 전, 고객에게 한 번 물어보자.

"맛있게 드셨어요? 혹시 아쉬운 점은 없었나요?"

그리고 그 노력을 제품에 반영하기 위해 노력하자. 직원들에게 고객 응대를 가르치기에 앞서 그들의 노력이 빛나기 위해서는 탄탄하게 받쳐 줄 기반이 필요하다. 기본을 지키기 위한 노력, 그것이 사장으로써 해야 할 몫이다.

포인트만 기억하자!

"강사님, 고객 응대가 너무 어려워요."

1/4분기 고객 응대 태도 조사 결과가 나왔다. 올해도 어김없이 그 결과를 바탕으로 하위 점수대 몇 곳을 선정해서 매뉴얼 교육을 열심히 다니고 있다. 교육자도, 피교육자도 서로가 힘든 매뉴얼 교육. 교육을 마치고 나면 직원들에게 늘 저런 이야기를 듣게 된다. 현장에서 직원들의 어려움을 알기에 직원들 탓만 할 수는 없는 노릇이다. 그래서 늘 직원들에게 이렇게 이야기하며 교육을 마무리한다.

"사실 고객 응대가 절대로 어려운 게 아닙니다. 무엇인가 굉장한 기쁨을 줘야 한다는 부담감 때문에 더욱 어렵게 느껴지시는 건데요, 절대 그런 것이 아닙니다. 과장님께서 평소 하시던 것에 하나만 더 하세요. 말 한마디, 행동 하나만 더 하세요. 그 작은 것들에 고객은 감동, 만족했다고 이야기하게 됩니다."

우리 사업장을 돌아보자. 직원들에게 알려 줄 하나 더, '플러스알파'는 무엇이 있을까? 그것을 찾고 알려 줄 때 고객이 느끼는 우리 가게의 품격은 달라질 것이다.

우리 가게 품격 돌아보기

1. 단골의 얼굴을 기억하고 친근하게 응대하는가?
2. 뜨거운 음식을 서빙할 경우, 플러스 안내 멘트를 하는가?
3. 어린이를 동반한 손님에게는 안전 및 음식 메뉴에 대한 별도의 안내를 하는가?

07

지속시키는 힘에 향기를 입혀라!

요즘은 과거와 달리 카페나 음식점 등을 방문하면 '플러스알파 인사말'을 사용하는 곳을 가끔 볼 수 있다. 그것을 사용하게 된 배경에는 가게의 특성을 반영하기 위한 자체적인 마케팅의 목적이나 직원 개개인의 성향 차이일 수 있다. 특별한 교육이 없음에도 불구하고 이런 곳이 늘어나는 것은 참 반가운 일이다. 그러나 똑같이 제공되는 '+α 인사말'이지만 받아들이는 사람의 입장에서는 미묘한 감정의 차이를 느끼는 경우가 있다. 단순한 기분의 차이일까?

감정 없는 목소리는 고객들도 안다.

고객 응대 현장에서 교육을 마치고 나면 직원들에게 어떤 부분의 코칭이 필요한지 파악하기 위해 그들의 모습을 관찰하게 된다. 직원들과 고객의 대화를 듣고 있으면, 어떤 직원의 경우는 금방이라도 고객이 화를 낼 것 같은 아슬아슬한 분위기가 연출된다. 그러나 또 다른 직원의 경우는 대화를 듣고 있으면 듣는 것만으로도 미소 짓게 되는 경우도 있다. 왜 이런 차이가 발생할까? 그들의 응대 모습을 가만히 관찰해 보면 그 원인을 쉽게 파악할 수 있다.

아래의 예시 단어를 읽어 보자.

예시 단어 1) 뭔데
2) 그만해

평소 자주 사용하는 단어이다. 저 단어를 보는 순간, 각자의 상황에 따라 각자의 느낌대로 읽었을 것이다. 그러면서 그 단어에 대한 자신만의 느낌을 가지게 될 것이다. 그렇다면 이번엔 방금 읽은 그 단어를 주어진 상황에 맞춰 읽어 보도록 하자.

예시 단어 1) 뭔데 : 평상시, 호기심으로 물어볼 때, 짜증날 때, 어이없을 때
2) 됐어 : 화가 났을 때, 속상할 때, 기쁜 소식을 들었을 때

처음 읽었을 때와는 다른 느낌으로 읽게 되는 것을 발견할 것이다. 그 느낌의 차이는 어디에서 오는 것일까? 각 상황에 대한 느낌을 표현하기 위해 목소리의 크기가 달라지고, 억양이 달라지는 것을 느꼈을 것이다. 그에 따라 단어에 '감정'이 담기는 것을 알게 되었을 것이다.

친절한 듯 친절한 것 같지 않은, 환영하는 듯 환영하지 않는 것 같은 미묘한 차이의 원인은 말 속에 감정이 없기 때문이다. 고객들

이 오고갈 때, 또는 음식을 서빙할 때 어떻게 인사를 건네고 이야기하라는 지침을 전달한다. 그러나 일반적인 대화법에 우리만의 '플러스알파'를 하고자 한다면 가장 먼저 해야 하는 것이 직원들의 억양과 어투, 목소리 크기 등을 점검하는 것이 필요하다. 감정 없는 목소리는 고객들도 안다. 평범한 인사말, 평범한 대화 속에도 '감정'이 담기면 우리 가게만의 차별화가 될 수 있다.

목소리에 감정을 싣기 위해 필요한 것

커피를 즐겨 마시는 탓에 주말이면 늘 커피숍으로 간다. 책 한 권을 들고 커피를 마시고 있으면 시간적 여유에 향긋한 커피 향기가 더해져서 더욱 행복해지는 느낌이 든다. 주로 이용하는 커피 전문점은 우리나라에서 최대 가맹점 수를 자랑하는 S브랜드이다. 집 근처 가까운 매장이 두 곳이나 있어서 기분에 따라 이쪽저쪽을 다닌다. 그러던 중 나도 모르게 방문 빈도가 높은 곳이 생겼다. 흔히 이야기하는 단골 매장이 생긴 것이다. 두 곳 모두 동일한 규모의 매장을 갖추고 있으며, 동일한 원두의 커피를 판매하고 있다. 그러나 나는 B브랜드의 게시판에 한 곳의 가게에 대해서만 칭찬의 글을 남겼다. 동일한 인사를 받고, 비슷한 대화를 나누지만 다른 곳과 달리 그곳을 방문하면 특별한 대접을 받는 기분이 들었기 때문이다.

앞 단락에서 이야기한 내용은 '말에도 감정을 실어야 한다'이다. 이 관점에서 B사의 커피숍 방문 사례를 본다면 두 가게 중 한 곳에만 특별한 기분을 느끼게 된 원인은 인사나 대화에 감정이 없었기 때문일 것이다. 자, 그렇다면 한 가지 가정을 해 보도록 하자. 두 곳 모두 말투, 억양, 목소리 크기로 감정을 담았다고 했을 때, 그럼에도 불구하고 한 곳에서만 특별한 경험을 했다고 느꼈다면 그 이유는 뭘까?

우리는 자신의 가게를 운영할 때는 사장, 즉 제공자의 입장이 된다. 그러나 가게의 문을 닫고 나서는 순간에는 우리는 또 다른 곳에서 물건과 서비스를 구매하는 고객, 즉 수용자의 입장이 된다. 다른 가게를 방문했을 때, 무뚝뚝하진 않지만 애매한 기분을 느끼며 직원들과 대화를 나눠 본 경험이 있을 것이다. 그 상황을 객관적으로 관찰해 보면 절대 불친절하지는 않다. 그러나 미묘하게 느껴지는 그 감정은 불편함이 아니라 어색함, 또는 그것을 넘어선 불쾌감이라고 할 수 있다.

'고객들과 대화할 때 친절하고 부드럽게, 상대방이 호감을 느낄 수 있게 이야기해 주세요.' 사장이 직원에게, 교육 강사가 고객 응대 접점 직원들에게 요청하는 내용이다. '친절, 호감'이라고 이야기하면 직원들이 가장 먼저 변화를 주는 것은 필요 이상으로 말끝을 올리거나 과하게 높아진 목소리 톤, 물결치듯 늘어지는 말꼬리 등이다. 표현하는 사람들 스스로가 자연스럽지 못하면 듣는 사람 역시 어색하고 불쾌할 수밖에 없다. '친절, 호감' 있는 표현을 위해, 말에 감정을 싣기 위해 가장 먼저 변화를 줘야 하는 것은 바로 표정, 즉 '미소 띤 얼굴'이다. '말과 표정이 무슨 관계가 있을까?' 하는 생각이 들 수도 있다. 실제로 이 두 가지의 상관관계를 알아보기 위한 재미있는 실험이 있었다.

2003~2012년까지 KBS 2 채널에서는 '스펀지'라는 버라이어티 쇼

를 반영한 적이 있다. 시청자들의 제보 내용을 실험을 통해 증명해서 시청자들에게 새로운 지식을 알려 주는 재미있는 방송이었다. 당시 다양한 실험 내용 중에서 특별히 인상 깊었던 주제가 있었다.

'웃는 표정으로 화난 목소리를 낼 수 없다.'

표정은 표정이고 목소리는 목소리일 것이라는 생각이 가장 먼저 들 것이다. 그러나 실제 실험 결과와 전문가의 소견은 조금 달랐다. 실험 영상 초반에 다양한 시청자들이 나와 웃는 얼굴로 화난 목소리를 내려 하지만 여간해서 쉬워 보이지 않는다. 몇 번의 실험이 거듭되지만 실험 증명을 위한 조작이 아닐까 하는 의심이 들기도 했다. 그러나 해당 실험이 마무리될 무렵, 전문가의 이야기는 의심을 해소하기에 충분했다. Y의대 이비인후과 최홍식 교수님의 이야기에 따르면,

"성대에서 소리가 만들어진 다음에 공명강에서 음색을 결정하게 됩니다. 화난 표정은 공명강을 좁게 만들어 어둡고, 밝고 웃는 표정을 했을 때 공명강이 옆으로 넓어져 밝은 소리가 납니다. 결국 표정의 변화에 따라 목소리가 다르게 나는 것은 맞는 말입니다."

라고 한다.

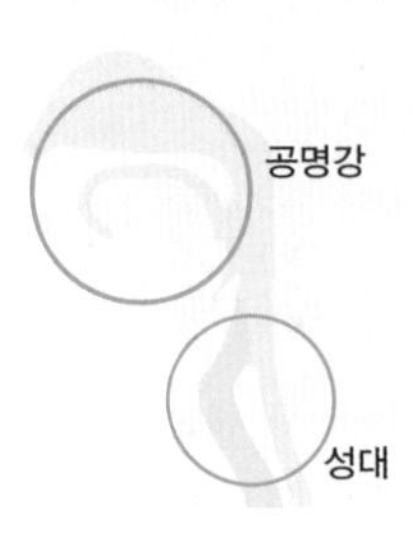

출처 : KBS 비타민

앞 사례에서 두 곳의 커피숍 중, 한 곳에서만 특별한 경험을 했다고 느꼈던 이유에는 놀랄 만한 차이점이 있었던 것은 아니었다. 그곳의 인사는 늘 활기찼다. 만나는 직원들은 늘 표정이 밝았다. 오직 그것 때문이었다. 그래서 그곳의 인사와 대화는 다른 곳보다 호감 있었고, 지속적인 발걸음을 유도하게 만들었다. 친절해 보이기 위한 어색한 미소보다는 '말에 감정을 싣기 위한 미소'로 바꿔 보자. 품격 있는 서비스 덕분에 고객들의 지속적인 발걸음을 유도할 수 있게 된다.

✍ 우리 가게 품격 돌아보기

1. 손님을 대하는 말투가 퉁명스럽지 않은가?
2. 손님에게 존댓말과 반말을 섞어가며 이야기하지 않는가?
3. 손님을 대하는 표정이 지나치게 어둡지 않은가?

08

고객 응대의 고수! 고객의 불만과 친해져라!

나는 누구일까요?

사업장에서 다양한 성향을 가진 고객들을 만난다. 그중에서 아래의 사례에 나타난 고객은 어떤 고객일지 생각해 보자.

나는 어떤 종류의 서비스를 받더라도 불평하는 법이 없습니다. 매장에 가서도 먼저 인사를 하고 직원들이 저에게 말을 걸어 주기를 기다립니다. 직원들에게 무언가를 요구하지도 않습니다. 종종 나보다 늦게 온 사람에게 먼저 물건을 권하고 이야기를 걸어도 나는 불평하지 않습니다. 만약 무엇을 살지 결정하지 못해 여러 물건을 놓고 고심하고 있을 때, 옆에 있는 직원이 귀찮고 짜증난 얼굴을 하더라도 나는 최대한 예의 바르게 행동합니다. 나는 절대로 흠잡거나 잔소리를 하거나 비난하지 않습니다. 그리고 종종 다른 사람들이 하듯이 시끄럽게 불평을 늘어놓지도 않습니다. 나는 누구일까요?

편안한 마음으로 읽어 봤다면 이렇게 좋은 고객이 있을 수 없다. 사례 속 고객이 경험하는 상황은 누가 봐도 조금은 불편할 법한 상황이다. 그럼에도 불구하고 불평을 늘어놓지 않다니, 이 고객은 좋아도 너무 좋아 보인다. 그런데 정말 좋은 고객일까? 사실 이 고객은 불만 고객이다. 흔히 우리는 '불만 고객'이라고 하면 까다로운 사항을 요구하는 고객으로 생각하기 쉽다. 그러나 그런 고객뿐만 아니라 불편한 경험은 했지만 아무 말도 하지 않는 고객 또한 불만 고객 범위에 포함이 된다.

'불만 고객' 단어만 들어도 머리가 지끈지끈 아파 오는 사람들이 많을 것이다. 화를 내기도 하고 요구 사항도 많고 까다롭기도 하다. 이런 고객을 어르고 달래다 보면 자존심이 상하기도 해서 대다수의 사람들은 '불만 고객=골칫덩어리'로 간주하고 응대하기를 꺼린다. 또는 고객이 화가 난 채 돌아가도록 방치하는 경우가 있다. 이런 응대 행동은 불만 고객과 마주할 때 쉽게 범하는 오류 중에 하나다.

불만 고객이 가진 의미에 대해 진행된 연구 결과가 있다(출처 : 하버드 비즈니스 스쿨).

❶ 기업에 불만을 이야기하는 고객은 4%밖에 되지 않는다.
❷ 불편한 경험을 한 고객은 26명의 주변 사람들에게 자신의 불편을 이야기한다.
❸ '불편이 제대로 해결된 고객의 65%는 다시 돌아온다'라고 한다.

4% 이외의 고객은 사례에서처럼 불만은 이야기하지 않지만 영영 돌아오지도 않는 고객이 된다. 4%에 해당되는 고객이든, 96%에 해

당되는 고객이든 불만 고객의 비우호적인 구전 영향은 잠재 고객에게까지 강한 부정적 영향력을 미치게 되어 고객들의 범위는 점점 줄어들게 된다. 이와 같은 염려스러운 상황이 발생되지 않도록 하기 위해 어떻게 해야 할까? 불만 고객은 단순한 '불만을 가진 고객'도 아니고, '골칫덩어리'도 아니다. 연구 결과에서처럼 그들은 실제보다 어마어마한 가치를 가지고 있다. 우리는 그 가치를 활용하고, 충성 고객으로 전환시키기 위해서는 그 고객을 정의하는 시각부터 달라져야 한다. 더 이상 불만 고객이 아닌, 더 이상 골칫덩어리가 아닌 내 사업장에 대한, 내가 제공하는 재화와 서비스에 대한 다른 측면의 이야기를 들려주고 발전의 기회를 제공하는 존재로 여겨야 한다.

고객의 불만과 친해지는 방법

1. 기본적인 방법을 습득하라

사장이든 직원이든 가장 불편한 고객은 불만 고객이다. 그래서일까? 사장임에도 불구하고 정확한 응대 방법을 몰라 헤매거나 직원들에게 이렇다 할 지침을 전달하지 못하고 있다. 그런데 참 아이러니하게도 많은 사업장에서 불만 고객 응대를 담당하는 역할은 직원의 몫이다. 직원들이라고 뾰족한 수가 있을까? 사장 스스로가 불만 고객에 대한 해석을 달리했다면, 이제는 그것을 직원들과 공유하고 명확한 응대 방향을 제시할 필요가 있다. 사례 한 가지를 살펴보자.

차가운 바람이 불던 어느 겨울날, 이른 점심을 먹기 위해 직장인

A씨는 여기저기 검색하던 중 유명인이 광고하는 순댓국집을 발견했다. 추운 날씨에 뜨끈한 국물이라.... 소소한 기대감을 가지고 발걸음을 옮겼다.

"어서 오세요. OO 순댓국입니다."

다소 이른 시간에 방문해서인지 가게 직원들의 이른 점심시간과 맞물리게 되었다. 그럼에도 불구하고 그곳의 직원들은 손님의 방문을 인지하고 맞이해 줬다.

"주문하시겠어요?"

"소고기로 만든 순댓국 하나 주세요."

주문을 하고 잠시 기다리던 중, 다진 양념을 빼 달라는 것을 미리 말하지 않은 것이 생각났다. 지나가던 직원에게 추가로 요청을 한 후 잠시 기다리니 음식이 나왔다. 보글보글 거품이 사라진 후 눈에 띈 것은 붉게 자리 잡은 다진 양념이었다. 이미 1/3 정도는 국물에 퍼져 붉은빛을 띠고 있었다.

"저기요, 제가 이거 양념 빼 달라고 했는데......?"

멈칫하던 직원은 잠시만 기다리라는 말을 남기고 주방으로 갔다. 잠시 뒤 돌아온 직원이 남긴 말은 조금 당황스러웠다.

"못 들었다는데요."

"아니, 지금 듣고 못 듣고가 중요해요? 저는 이걸 빼 달라고 이야기했다고요. 못 들었다고 하시면 저는 그냥 이걸 그대로 먹어야 해요?"

몇 번의 이야기가 옥신각신 오고 간 후 A씨는 더 이상의 대화를 포기했다. 점심 식사가 끝나는 동안 불쾌한 기분을 감출 수 없었다.

사례의 주인공은 왜 화가 나고 불쾌했을까? 사람들은 일반적으로 소중하다고 생각되는 대상에 부정적인 자극이 발생하면 화를 낸다. 과거 원시 시대의 경우 그들에게 가장 중요한 것은 생존이었다. 그래서 그것과 관련된 부정적 자극을 인지하면 화를 냈다. 풍족한 물질 속에서 살고 있는 현대인들에게 생존은 더 이상 중요한 문제는 아니다. 그렇다면 이들에게 가장 중요한 것은 무엇일까? 생존에 주체가 되는 '나 자신'이다. '자기애(愛)', '자존심'에 부정적 자극이 전달되면 '화'라는 반응이 나타나고 그것은 '불만'으로 표출이 된다(참고 : 『화난 고객과 쿨하게 소통하기』, 박보영).

사례 속 주인공은 명확한 요구 사항이 있었다. 그러나 제대로 전달되지 않자 무시당했다고 생각이 듦과 동시에 자존심에 상처를 입게 된 것이고, 화가 난 감정이 불만으로 표출된 것이다. 이런 상황이 우리 사업장에서 나타나면 직원들은 주로 어떻게 대응하는지 관찰한 적이 있는가? 대다수의 직원들은 사례에서처럼 이런 일이 발생하게 된 단편적인 상황, 즉 원인만 이야기한다. 물론 그것도 중요하다. 그러나 명확한 응대 지침을 인지하지 못한 상황이라면 대화의 적정 수준을 넘기게 되고 결국 고객의 불만은 더욱 증폭된다. 이런 상황을 방지하기 위해서 어떻게 해야 할까?

사장도 직원도 모두에게 어려운 불만 고객이라면, 정확한 방법을 알고 함께 응대하는 것이 고객의 정착률을 높이는 방법이다. 여기서 중요한 것은 올바른 지침과 응대 범위를 정하는 것이다. 사장과 직원은 권한이 다르기 때문에 응대에 있어서 서로의 역할이 다르다.

경청 → 원인 분석 → 해결책 제시 → 검토 및 해피콜

일반적으로 불만 고객을 응대하는 프로세스는 위의 그림과 같다. 우선 직원들은 고객이 불만을 이야기하면 어떤 부분에서 어떤 불만이 발생했는지 '잘 듣기(경청)'의 행동이 필요하다. 단, 듣되 본인이 하고 싶은 말은 잠시 뒤로 미룬 채 고객의 말을 중간에 끊지 말고 끝까지 들으라고 해야 한다. 고객과 직원의 일반적인 대화가 아닌 불만을 이야기하는 상황이다. 이럴 때일수록 말을 중간에 끊는 것은 지양해야 할 태도이다.

불만 사항에 대한 올바른 해결책을 제시하기에 앞서 왜 이런 상황이 발생했는지 '원인 분석'이 필요하다. 그래야 고객에게 상황을 이해시켜 불만을 누그러뜨릴 수 있고 적합한 해결책 제시도 가능해진다. 간혹 원인을 파악하다 보면 직원들끼리 잘잘못을 가리며 시비가 발생하는 경우가 있다. 모든 업무 처리에는 적절한 타이밍이 있다. 지금은 원인과 더불어 해결책을 찾는 것이 중요하므로 '선파악 후책임'의 규칙을 직원들에게 정확히 인지시켜야 한다.

원인이 파악되고 나면 해결책을 수립해야 한다. 이 단계에서는 사장의 개입도 필요하다. 일반적으로 사장들은 불만의 1차 해결은 직원, 2차 해결은 사장의 몫이라고 생각한다. 그러나 사장과 직원의 권한은 엄연히 다르기 때문에 각자의 위치에서 제시할 수 있는 해결책은 퀄리티에서 차이가 발생한다. 사장의 개입 아래 1차 해결책, 2차 해결책을 제시하는 것이 단시간에 고객의 불만을 해결할 수 있는 최적의 방법이라 할 수 있겠다.

고객의 불만은 해결도 중요하지만 고객이 돌아가고 난 후의 상황 정리가 더욱 중요하다. 업무의 어느 단계에서 이런 일이 발생했는지, 같은 상황이 발생하지 않기 위해 각자의 위치에서 무엇을 해야 하는지에 대한 상호 공유가 필요하며 만족스럽지 못한 서비스로 불편했던 고객의 마음은 어떻게 돌아볼 것인지 사장으로써 고민과 적절한 피드백 또한 필요하다.

이와 같은 프로세스가 순차적으로 순조롭게 진행된다면 얼마나 좋을까? 그러나 안타깝게도 어떤 고객은 원인 파악 단계까지 진행되기가 몹시 어려운 경우가 있다. 고객이 굉장히 화가 났거나 직원의 응대 태도가 미흡해서 초기 단계에 고객의 화가 증폭되어 버린 경우가 이에 속한다. 전자의 경우라면 어떠한 해결책도 받아들이기 힘들기 때문에 이때는 고객 스스로가 감정을 누그러뜨릴 수 있도록 '시간'의 여유를 주는 것이 좋다. 후자의 경우 '사람'을 바꾸는 것이 좋은 방법이다. 대신 그 상황을 대처하는 직원은 초기에 응대한 직원보다는 상급자이어야 한다. 마지막으로 우리의 응대 모습이, 고객이 불만을 표현하는 상황이 다른 고객들에게 영향을 미치지 않도록 고객의 불만을 듣는 '장소'를 변경해서 응대해야 하는 것도 잊어서는 안 된다.

2. 유형을 파악하라

찌는 듯한 더위가 지속되는 어느 여름, 더위를 피하고자 잠시 S카페로 들어간다. 메뉴판을 보며 무엇을 먹을까 고민하던 중 탄산이 들어간 제조 음료가 눈에 들어온다. 주문을 하니 때마침 오늘 탄산이 떨어져서 원하는 음료를 구매할 수 없다는 이야기를 듣게 된다. 이 상황에서 나는 어떻게 대처할 것인가?

❶ 탄산이 들어간 제조 음료 대신 아이스 아메리카노를 선택한다.
❷ 원하는 제품이 없다는 사실에 화가 나서 크게 소리치며 화를 낸다.
❸ 실망감을 감추지 못한 채 탄산이 들어간 제조 음료를 포기한다.
❹ 어떻게 그럴 수 있냐, 재료를 미리 구비해야 하지 않느냐 등의 이유를 들며 따진다.

일상생활에서 사람들과 좋은 관계를 유지하기 위해서 상대의 성격 유형을 파악하는 것처럼, 불만 고객과 대면하는 순간에도 고객의 유형을 파악하는 것이 중요하다. 그렇다면 무엇을 단서로 불만 고객의 유형을 파악할 수 있을까? 우선 우리 주변에서 일어나는 일들을 떠올려 보자. 특정한 동일 상황에 직면했을 때 나와 내 주변인들의 반응은 서로 다르다. 각자가 가진 성향들이 서로 다르기 때문이다. 고객도 마찬가지이다. 각자의 성향이 다르기 때문에 고객들의 반응 또한 다양하게 나타난다. 바로 이 반응을 통해 고객의 유형을 분류할 수 있는데, 조금의 관찰과 노력으로 손쉽게 할 수 있다.

1번처럼 다른 대안을 선택하는 경우는 '타협형' 불만 고객이라고 할 수 있다. 이 유형의 경우 앞선 사례에 소개되었던 고객처럼 불평을 말하지 않고 다른 대안을 찾아 떠나는 특성을 주로 보이는데, 사장의 입장에서는 고객이 어떤 불만을 가지고 있는지 알기도 어렵기 때문에 가장 안타깝고도 속상한 고객 유형이라 할 수 있다.

2번의 경우는 '버럭형' 불만 고객이다. 이 유형의 경우 큰소리로 위협하면 자신의 요구를 들어줄 것이라는 생각을 가지고 있기 때문에 주로 과격한 행동으로 불만을 표현하는 경우가 많다. 또한 요구의 논리성보다는 자신의 요구를 관철시키는 것에만 초점을 맞춰 이야기하는 경우가 많다.

3번 유형의 경우 '은근슬쩍형'에 속한다. 이 경우는 버럭형 불만 고객과는 달리 불만 사항을 지나가는 말로 슬쩍 이야기하거나 빙빙 돌려 말하는 특성을 보인다. 그렇다 보니 정확한 응대가 어려워 직원들이 관심을 두지 않은 경우가 있기 때문에 고객은 불만의 감정에 이어 상대적 박탈감까지 느끼는 경우가 있다. 또한 스스로가 불만을 정확히 표현하지 않는 것을 인지하지 못하고 있기 때문에 어떤 대응에도 만족하지 못한다. 이런 경우에는 해결되지 않는 불만은 자신을 이해해 주는 타인에게 비우호적인 구전 효과를 전달하게 되어 사장의 입장에서는 새로운 고객을 창출하는 것에 어려움이 발생하게 된다.

4번 유형은 '자근자근형'으로 비교적 조용하고 차분한 목소리로 불만을 이야기하되 버럭형과는 달리 비교적 논리적으로 불만을 이야기한다. 또한 감정적인 문제보다는 주로 업무적 사항을 문제 삼아 항의하는 경우가 많다. 이때 자신의 지식을 내세워 스스로의 존재감을 표현하려고 하는 경우도 많다.

3. 전문가처럼 응대하라

앞서 이야기한 불만 고객의 유형은 '타협형, 버럭형, 은근슬쩍형, 자근자근형'으로 크게 4가지 유형으로 분류해 보았다. 불만을 가진 고객의 경우, 그 불편함을 해소해 주면 충성 고객으로 변한다. 그리고 우리에게 기대 이상의 가치를 준다. 불만을 가진 채 돌려보내기보다는 기본적인 응대 방법에 불만 고객 유형의 특성에 맞는 응대 방법을 첨가하는 것이 중요하다.

타협형의 불만 고객인 경우, 고객의 불만을 파악하기 어렵기 때문에 이런 고객이 발생하지 않도록 방지하려는 노력이 중요하다. 고객의 1차 만족 포인트인 재화(음식이나 상품)에 대해 고객이 느끼는 생각은 어떤지 파악하려는 노력을 기울여야 한다. 그뿐만 아니라 사업장 곳곳에 고객이 불만을 가질 만한 요소는 없는지 주의를 기울여야 하고, 직원들의 응대 태도에는 보완해야 할 점은 없는지 관심을 기울여야 한다. 과거의 시장 상황과는 달리 지금은 고객의 선택의 폭이 넓어진 시대이다. 그만큼 고객은 불만이 있을 경우 굳이 에너지를 소비하며 해결하려고 하지 않기 때문에 타협형 불만 고객의 발생 가능성은 늘 염두에 두어야 한다.

버럭형의 불만 고객인 경우, 격양된 행동이나 말투 때문에 사업장 내의 다른 고객들에게 비우호적인 영향을 끼칠 가능성이 가장 큰 고객이다. 우선 고객이 강한 불만 행동을 표출할 경우, 즉각적인 사과와 더불어 장소를 옮겨 고객의 불만을 들어야 한다. 자신의 불만을 관철시키는 것을 가장 중요하게 생각하기 때문에 고객의 요구 사항을 주의 깊게 경청하며 요구 사항에 대한 수용 의지를 명확히 전달하는 것이 필요하다. 다른 유형의 불만 고객보다 감정의 상승 폭이 크기 때문에 직원보다는 해결책에 대한 권한이 많은 사장이 응대하는 것이 가장 큰 효과를 볼 수 있다. 이때는 고압적인 태도보다는 한 발짝 물러난 겸손의 자세로 다가가는 것이 필요하다.

은근슬쩍형의 불만 고객을 응대할 때 중요한 것은 '고객의 이야기를 가볍게 넘기지 말라'이다. 가벼운 듯 슬쩍하는 이야기에 고객과의 관계를 당길 수 있는 포인트가 숨겨져 있기 때문이다. 에둘러 불만을 표현하는 경우라면 정확한 불만 사항과 해결 요구 사항을 파악하기 세밀한 탐색 질문과 더불어 상황에 맞는 적절한 화법이 필요하다.

마지막으로 자근자근형 불만 고객의 경우, 실제 서비스 업무 현장에서는 '차라리 화를 내세요'라고 말하고 싶을 정도로 응대하기 힘든 고객 유형이다. 버럭형 고객을 응대할 때는 격양된 감정이 다 소진될 때까지 감정을 분출시켜 줘야 하는 것이 중요하다면, 자근자근형의 고객은 이야기를 끝까지 들어 주는 것이 포인트이다. 대신 듣되 성의를 보여야 하며 업무 시스템적인 부분에 대한 불만을 이야기하는 경우라면 확인이나 개선 후 고객에게 피드백하는 것이 중요하다.

2013년, 세계적인 경기 침체 속에서도 우리나라 경제는 미미하게나마 성장하며 경제 지표들이 소폭 상승했다. 그러나 실제 소비자들이 체감할 수 있는 성장은 좋지 못했다. 실질 소득 감소, 고용 시장 부진 등으로 서민 경제는 여전히 어려움을 겪고 있었다(참고 : 2013 트렌드 코리아). 이후에도 경제의 회복세는 기대하기 힘든 상황이 되자 소비에 대한 가치관이 바뀌면서 소비자들의 의식에도 변화가 생겼다. 혼밥, 혼술 문화에서 알 수 있는 것처럼 '개인의 가치'에 초점을 맞춰 소비하고 생활하고 있다. 소비자가 되는 상황이든 제공자가 되는 상황이든 초점은 개인의 가치이다.

불만 고객이 미치는 우호적, 비우호적 영향은 생각보다 큰 파급력을 가지고 있다. 이런 고객을 응대함에 있어서 능숙한 스킬도 필요하지만 중요한 포인트가 있다. 우선, 고객이 지닌 개인의 가치를 어떻게 존중해 주느냐이다. 그뿐만 아니라 불만 고객을 응대하고 난 후, 제공자의 입장이 되는 직원들의 개인 가치는 어떻게 회복시켜 줄 수 있느냐 또한 놓치지 말아야 할 포인트이다.

우리 가게 품격 돌아보기

1. 대표자는 우리 가게에 방문하는 고객들이 어떤 불편함을 가졌는지 파악하고 있는가?
2. 직원들이 고객의 불만을 회피하지 않는가?
3. 실수가 발생했을 경우 즉시 사과하는가?
4. 대표자는 고객 불만 처리를 직원에게 위임하고 있지는 않은가?

09

환경 관리가 지속시키는 힘을 빛나게 만든다.

경기도 평택, 이동 거리가 멀어 낯선 그 지역은 곳곳에 있는 산업단지 건설의 차가운 풍경 때문에 마음마저 낯설었던 곳이다. 그 지역의 맛집을 찾아 점심을 먹을 생각에 강의 예정 시간보다 조금 일찍 도착했다. 주변을 둘러보니 '맛집'이라고 할 만한 곳은 없었고, 그렇다고 검색해서 이동하자니 강의 시간을 맞추기 어려울 것 같았다. 이러지도 저러지도 못하다 결국, 오늘도 내 점심 메뉴는 '순댓국'이었다.

조용한 가게 안으로 들어서니 사장님이 맞이해 주셨다. 주문을 하고 잠시 기다리니 음식이 나왔다. 보글보글 끓는 순댓국의 냄새에 군침을 삼키며 새우젓 그릇의 뚜껑을 여는 순간, 세 번이나 깜짝 놀라는 경험을 했다.

우선은 새우가 없는 새우젓에 놀랐고, 그릇 주변에 새우가 덕지덕지 붙어 있어서 마지막 관리는 언제 했는지 알 수 없는 그릇의 청결 상태였다. 마지막으로 놀란 것은 주변 테이블에 놓인 새우젓 그릇의 상태도 크게 다르지 않았다.

'주방에서 식자재 관리는 잘 되고 있나? 이거... 먹어도... 괜찮겠지...?'

음식의 질, 관리 상태가 미흡한 새우젓

밥을 먹으며 식당 내부 모습을 관찰해 봤다. 이른 점심시간이라 주변 건설직 근로자들은 아직 오지 않은 시간이었다. 그럼에도 불구하고 바닥의 청결 상태는 썩 상쾌하지 않았다.

'기본적으로 신발에 흙이 많이 묻은 상태로 온다고 하지만.... 이건 아니지 않나? 건설직 근로자들도 돈을 지불하고 밥 먹는 사람들인데.... 청결한 환경에서 대접받고 싶지 않을까?'

'요즘은 외모가 경쟁력인 시대이다'라는 말을 한 번쯤 들어 봤을 것이다. 사람이 가진 인성이나 지식도 중요하지만 '호감을 주는 외모' 또한 그에 못지않게 중요하다는 말이다. 그만큼 이 시대를 사는 사람들은 시각적이고 감각적인 것들을 선호하고, 그에 대한 반응을 빠르게 표현한다는 것을 알 수 있다. 그래서 사람들은 지식을 학습하거나 자신만의 스타일 컨셉을 찾는 등 내면과 외면을 가꾸기 위해

끊임없는 노력을 하며 살아간다. 이런 노력들은 사람들이 서로 만났을 때 각자의 품격을 표현하고, 타인과의 신뢰를 형성할 수 있기 때문이다.

외모의 경쟁력은 사람에게만 있을까? 사람에게 외면의 요소는 눈, 코, 입의 생김새, 헤어스타일, 옷을 입는 취향 등이 있는 것처럼 가게에도 고객에게 호감을 주고 우리 가게 품격을 높일 수 있는 외면의 요소가 있다. 바로 가게의 내, 외부 환경과 소모품들에 대한 관리이다. 이런 면에서 '평택 순댓국'집은 아쉬운 점이 참 많았다. 그곳의 음식을 맛보기 전에 새우젓 그릇 상태만으로 주방과 식자재 관리 상태까지 의심하게 되는 상황이 발생했기 때문이다. 이것과는 대조되는 또 다른 상황에 대한 이야기를 살펴보자.

한가한 주말 오전에 방문한 카페는 아파트가 밀집된 지역 근처에 있는 곳이었다. 비가 내린 다음 날이었지만 빗물 자국 하나 없이 깔끔한 벽면 유리가 전면으로 있어서 탁 트인 시야가 인상적인 곳이기도 했다. 요즘 유행한다는 노출형 천장에 화이트 실내 벽면이 깔끔했다. 문을 열고 들어서니 벽면으로 돌아서서 무언가를 하던 주인 부부가 반갑게 맞이했다. 주문을 하고 자리에 앉으니 다가와서 말을 건넸다.

"저희가 지금... 벽면에 오염이 묻은 부분에 페인트칠 중이라.... 좀 분주해도 양해해 주세요. 아, 그런데 냄새는 전혀 안 나니까 염려 안 하셔도 돼요."

"아녜요, 제가 주말치고 좀 일찍 왔는걸요."

커피를 마시며 부부의 모습을 관찰했다. 벽면 아래, 사람들의 손이 많이 닿는 위치 등에서 거뭇거뭇하게 묻은 오염자국을 작은 붓으로 덧칠 작업을 하고 있었다. 거주지 밀집 지역의 카페라서 부모를 따라오는 아이들도 많아 여기저기 신발 자국, 커피 자국이 묻은 모양이다. 그런데 입지 조건상 금세 더러워질 텐데, 괜히 수고스러운 일을 하는 게 아닌가 하는 생각이 들기도 했다.

사장 부부의 모습을 보고 있자니 불현듯 드는 생각이 있었다. '눈에 보이는 곳만 관리하는 것은 아닐까?' 다양한 사업장에 가서 코칭 교육을 진행하다 보면, 가게의 진정한 청결은 눈에 보이는 곳이 아닌, 화장실이라는 것을 알게 되는 경우가 종종 있다. 그래서 이곳에서도 화장실에 한 번 들어가 보았다.

변기 옆쪽에 디퓨저와 고객층을 배려한 물티슈가 놓여 있음

예상치 못한 관리에 감탄을 감출 수 없었고, '역시 다르구나'라는 생각도 하게 되었다. 물때나 곰팡이 하나 없이 잘 관리된 벽면과 바닥의 타일 상태, 불쾌한 냄새가 나지 않을까 디퓨저를 놓았고, 고객층을 배려한 물티슈를 놓아둔 세심함이 감동으로 다가왔다.

사실 이 카페의 사장이 신경 쓰는 부분은 고객이 카페를 방문했을 때, 빠르게 인지하지 못하는 부분이다. 그러나 분명 고객의 시선이 빠짐없이 닿는 곳이므로 무의식에 차곡차곡 누적이 된다. 작은 부분까지 신경 쓰며 가게의 환경을 관리하는 것! 이것이야말로 가게의 품격을 높이고 차별화를 만드는 포인트가 아닐까 하는 생각이 들었다.

꼼꼼한 환경 관리를 통해 내 가게를 찾는 손님들과 신뢰는 쌓는 것은 가게의 규모를 떠나 시행되고 있다. 자원 절약, 환경 보호 등의 이유로 백화점, 마트, 고속도로 등 휴게소 화장실에 가면 '핸드 드라이어'가 있는 것을 볼 수 있다. 어떤 사람은 핸드 타올로 닦는 것보다 핸드 드라이어가 더 청결하다고 말하는 사람이 있는 반면, 기계의 관리가 제대로 되지 않으면 오히려 핸드 타올이 훨씬 청결하다고 말하는 사람도 있다. 이런 이야기 때문인지 기계의 관리를 꼼꼼히 해서 안심하고 사용할 수 있게 하는 곳이 점점 늘어나고 있다.

핸드 드라이어 옆에 필터 교체 날짜를 명시하고 있다.

가게를 운영할 때 '음식의 맛'은 고객이 만족하는 아주 기본적인 요소이다. 기본이 탄탄하면 안정적인 고객층을 확보할 수 있다. 그러나 이런 고객들과 오랜 인연을 이어가기 위해서는 고객의 기대치에 맞는 서비스, 즉 기본적인 청결 관리에 고객층을 배려하는 관리 서비스가 필요하다. 낡고 오래된 음식점이라도 그것 나름의 청결함이 있어야 한다. 관리의 부주의를 '맛집이라 불리는 곳은 다 그래!'라고 포장하지 말고, 꼼꼼히 신경 쓰는 환경 관리를 통해 고객과의 관계를 지속시키는 힘을 기르는 것이 필요하다.

우리 가게 품격 돌아보기

1. 가게 내부의 구석구석까지 먼지가 쌓이지 않도록 청결하게 관리하는가?
2. 비 또는 눈이 내리는 날에는 출입구를 청결하게 관리하는가?
3. 수저의 청결 상태는 양호한가?
4. 테이블에 올려진 양념통은 주기적으로 관리하는가?

10

지속시키는 힘의 차이는 한 끗에서 시작된다.

"강사님, 오늘 교육 끝나고 나면, 저희 직원들한테 고객 응대하는 방법 좀 알려 주세요."

교육을 위해 방문하게 되면 사업자 대표자들은 이런 부탁을 자주 하신다. 자세한 이야기를 들어 보면, 회사의 직원들은 고객을 대하는 업무가 기본인데, 대표자의 시각에서 봤을 때는 기본이 안 되어 있다는 이야기였다. 그런데 교육이 끝나고 직원들과 짧은 티타임(tea time)을 가지며 그들의 이야기를 들어 보고, 고객 응대 모습을 관찰해 보면 기본기가 없는 것은 아니었다. 그러나 알고는 있지만 적극적으로 표현하지 않거나, 행동은 하지만 일정 수준만큼의 성과가 나지 않았던 것이다.

매일 아침, 일정에 따라 정해진 교육장으로 출근한다. 교육장으로 들어오는 직원들과 인사를 나누거나 차 한 잔을 함께한다. 오랜 시간 교육을 통해 만나 왔던 직원 한 분이 농담 반 진담 반으로 한마디 툭 내뱉는다.

"강사님, 교육 그거 해 봤자 크게 성과도 없는데, 그냥 대충 시간 때우고 일찍 마칩시다."

학습자들이 보기엔 그냥 그런 이야기를 대충 말로 때우는 것처럼 보이지만, 교육을 준비하는 강사 입장에서는 콘셉트부터 자료 조사 및 제작까지 며칠을 고민하고 만드는 교육이다. 그래서 학습자들의 저런 이야기가 속상할 때도 있다.

그날은 부장급 직원들을 대상으로 2시간 동안 '고객 응대 커뮤니케이션' 교육을 진행했다. 투정 아닌 투정을 부리는 몇몇 직원들의 목소리를 뒤로하고 교육을 시작했다. 학습자들의 연륜과 경력이 있어서 그런지 생각보다 나쁘지 않은 교육 분위기였다.

교육이 끝났다. 그리고 그날 저녁, 교육 담당자에게 연락이 왔다.

"오늘 교육에 오셨던 직원 한 분께서 교육 내용이 너무 좋았다고 하시면서, 강사님 연락처를 알려 달라고 하시는데 괜찮으세요?"

대단한 교육을 한 것이 아니라 조금은 의아했지만, 그래도 흔쾌히 허락했다. 그리고 잠시 뒤 해당 직원에게서 문자 메시지가 도착했다.

"강사님, 오늘 강의 정말 잘 들었습니다. 20년 넘게 영업 활동을 하고 있지만, 강사님 강의 덕분에 제 일을 다시 되돌아보게 되네요. 좋은 동기를 부여해 주셔서 감사합니다."

담당자를 통해 전해도 될 말이었지만, 직접 연락하시는 걸 보니 그 마음이 얼마나 큰지 느껴져 더욱 고마웠다.

그 직원은 '영업'이라는 분야에 몸담은 지 20년이 넘는 베테랑 직원이다. 현재 조직 내에서는 '세일즈 우수 사원'이라고 불릴 정도로 성과도 좋은 직원이다. 산전수전 다 겪은 직원의 입장에서는 이론에 충실한 내 강의 내용에 공감이 안 될 수 있다. 그럼에도 불구하고 학습의 포인트를 발견하고 스스로를 돌아볼 수 있었던 이유는 '마음가짐'이 남달랐기 때문이다.

일반적인 학습자들은 교육과 성과는 별개의 문제라고 생각한다. 물론, 일부 교육 담당자들 중에서도 그렇게 생각하는 사람들도 있다. 그러나 강사의 입장에서는 조금 다른 의견이다. 교육에 대한 마인드가 남다른 사람들은 업무 성과에서도 남다른 결과물을 보인다. 살면서 마주하는 다양한 사건들 중에서 그것을 어떻게 받아들이고 해석하느냐, 즉 삶의 전반에 대한 '진정성'의 차이가 결과물에도 차이를 만들었다. 고객을 만날 때 사용하는 대화법이나 행동 등등도 마찬가지이다. 알고는 있지만 행동하지 않거나, 알고 행동하지만 성과가 나타나지 않는 이유는 바로 '마음가짐'에서 차이점이 발생하기 때문이다. 직원의 마음가짐이 고객을 대할 때 어떻게 표현되는지 사례 한 가지를 살펴보자.

직업상 어디를 방문하게 되더라도 직원들의 응대 모습을 관찰하게 된다. 좋은 사례들은 직원들에게 알려 주기 위해서이다. 그래서 정기적으로 타 브랜드, 타 업종을 방문해 사례를 모집하는 경우가 있다. 많은 곳을 방문했지만 그날은 잊을 수 없는 직원 한 사람을 만나게 되었다.

"고객님, 안녕하세요? 식사는 하시고 오셨어요?"

전시장에 있는 여러 제품을 보고 있으니 생기 있는 목소리가 뒤에서 들려왔다.

"네...."

"메뉴는 뭐로 드셨어요?"

"그냥 집에서 대충이요...."

"아 그러셨어요? 저는 된장찌개 먹었는데요, 여기 근처에 된장찌개를 아주 맛있게 하는 집이 있어요. 다음에 근처에 오실 일 있으면 한 번 가 보세요. 그나저나 어떤 제품을 보러 오셨어요?"

브랜드 자체가 가진 중후함과 달리 조금 가벼워 보이는 것 같은 직원의 태도에 왠지 모를 불안한 느낌이 들었다. 특히나 처음 구매하는 제품이고, 만만치 않은 가격이다 보니 그런 직원의 태도가 조금 불편하다는 생각이 들기도 했다. 직원도 이런 내 기분을 느꼈는지 자신의 감정 표현에 완급을 조절하기 시작했다. 조금 가깝게 다가왔던 신체적 거리도 살짝 멀리 두었고, 주도하던 대화의 방식도 한 박자 쉬며 상대가 먼저 이야기하기를 기다렸다. 그런 배려 덕분에 불안감도 조금씩 누그러지며 편하게 이야기하고 싶은 마음이 생겼다.

원하는 제품의 상세 사양과 추가 옵션 등을 이야기하며 본격적인 대화가 시작될 무렵, 평소 제품에 대해 궁금한 점이 있어 하나둘씩 질문하기 시작했다.

"어느 정도 사용하다 보면 제품에서 소음이 심해지지 않나요? 전 그게 싫어서요. 아! 그리고 그 모델은 별로던데...."

"네, 고객님. 경우에 따라서 그렇게 생각하실 수 있습니다. 저희 제품의 역사 깊은 전통은 잘 알려져 있어서 고객님께서도 잘 알고 계실 겁니다. (역사와 관련된 설명은 생략) 특히 이번 모델은 기존 A모터에 B모터의 압축 착화 방식을 사용해서 두 가지의 장점만 골고루 융합했습니다. 당연 효율성 또한 높겠죠? 그래서 저희 제품을 구매하시면 소음 부분에 대해서는 크게 염려하지 않아도 됩니다."

제품에 대한 풍부한 정보력과 더불어 차분하게 답변을 하는 모습이 새롭게 느껴졌다. 처음 보았을 때의 다소 가벼운 모습은 사라지고, 전문가답고 자신감 있는 모습 때문에 그 직원을 점차 신뢰하게 되었다. 그리고 최종 구매를 결정했다. 그날 그 직원이 나에게 보여준 것은 자신이 팔고 있는 제품이 아니었다. 그 제품에 대한, 브랜드에 대한, 그리고 자신에 대한 남다른 자신감이었다.

판매 매장을 방문하는 고객은 제품에 대한 많은 호기심을 가지고 있다. 어떤 기능이 있는지, 어떻게 작동하는지, 활용도는 어떨지, 얼마나 편리한지 등 개개인의 기호에 따라 다양한 궁금증을 가지고 있다. 그리고 어느 직원이 어떤 방법으로 이 궁금증을 잘 해결해 주느냐에 따라 구매를 결정하게 된다. 그래야만 금액을 지불할 가치가 충분하다고 판단하기 때문이다.

식사를 위해 또는 디저트를 위해 식당 및 커피숍을 방문하는 고객들은 어떨까? 음식의 맛이 객관적으로 호평을 받았는지 나름의 시장조사를 한다. 그리고 난 후 접근성, 매장의 분위기, 제공되는 서비스 수준을 파악한다. 그래야만 음식을 즐기며 '행복'을 느끼기에 충분하다고 판단하기 때문이다.

고객이 이런 감정을 느끼기 위해서는 고객을 만나는 직원의 마음가짐이 중요하다. 업무 현장에서 근무하는 직원에게 그 어떤 작은 업무라고 할지라도 '자신만의 마음가짐'을 가지고 근무할 수 있도록 적절한 동기를 부여해야 한다. 그 마음가짐은 삶과 업무에 있어서 '진정성'을 가지게 만들어 준다. 그리고 진정성 있는 태도를 가지면 '자신감'이 생기게 된다.

직원과 고객과의 연결 매체는 '물건'과 '서비스'이다. 고객에게는 그것이 곧 직원이며, 직원에게 있어서는 그것이 스스로의 가치를 높일 수 있는 수단이 된다. 현재 자신이 있는 위치가 그저 그렇게 돈을 버는 자리가 아니라 '마음가짐'을 찾는 자리, 스스로의 가치를 높일 수 있는 자리가 될 수 있도록 적절한 동기 부여가 필요하다.

11

중요한 것은 챔피언이 아니라 챔피언 팀이다.

그날의 내 점심 메뉴는 초밥이었다. 열심히 포털 사이트를 검색 후 지역 주민들에게 맛집으로 유명한 곳을 선택해서 방문했다. 본격적인 점심시간이라 그런지 나를 포함한 세 테이블에 손님이 앉아 있었다. 연어가 포함된 초밥 세트를 주문한 후, 곧 있을 점심시간을 대비해 분주히 움직이는 직원들의 모습을 살펴보았다. 주문한 음식이 나왔다. 회의 신선도를 혀끝으로 느끼며 음식을 음미하던 중 옆 테이블의 중년 여성이 서빙 직원을 호출했다.

"우동 국물을 먹을 수 있게 숟가락 하나 주시겠어요?"

서빙 직원의 상사쯤으로 되어 보이는 남성 직원이 그 상황을 보더니 숟가락 하나를 들고 재빠르게 고객에게 달려갔다.

"아이고 고객님 죄송합니다. 같이 드렸어야 하는데.... 저 친구가 잘 몰라서 띨띨한 면이 있습니다."

"아... 네.... 괜찮아요."

순간, 나는 내 귀를 의심했다. 그 직원의 표현법은 동료의 서빙 실수에 대해 고객에게 사과하는 의미도 아니었다. 유머러스한 표현법으로 상황을 재미있게 희화화하려는 의미도 아니었다. 동료의 실수를 짓밟아 낮춰서 당사자에게 모욕감을 주는 행동이었다. 함께 일하는 동료를 저렇게까지 폄하해서 그 직원이 얻는 것은 무엇일까? 중년 여성의 반응을 보니, 그 직원이 선택한 '띨띨하다'라는 단어에 불편함을 느낀 것은 나뿐만이 아닌 것 같았다. 그 이야기를 들은 고객은 이 가게에 대해서 어떻게 생각할까? 아무리 상사라고 할지라도 자신에게 모욕감을 준 사람을 믿고 따를 부하 직원은 누가 있을까? 30분의 짧은 점심시간이지만 많은 것을 생각하게 되었다.

실제로 팀원들 간의 친밀도는 조직의 성과에 많은 영향을 미친다. 36년간 10번의 패배, 418번의 우승! 어마어마한 기록의 주인공은 미국 유타주 솔트레이크시티 고등학교 럭비 팀인 '하이랜드'의 이야기이다. 그들의 신화에는 어떤 비결이 있을까?

아버지에 대한 반항심으로 술과 마약에 손을 대고, 오직 게임에서 이기는 것만이 중요했던 17살의 릭 패닝은 자신의 경쟁 팀인 '하이랜드'와의 경기에서 패배를 맛본 어느 날, 술과 마약에 흠뻑 취한 채 운전을 하다 사고를 내게 되었다. 그길로 릭 패닝은 소년원으로 들어가게 되었다. 그러나 잘못을 뉘우치지도 않고 그곳 생활에 적응하지도 못하자 릭은 마음의 문을 더욱 굳게 닫아 버렸다. 그런 그를 위해 소년원 내의 럭비 팀 감독인 마커스는 릭에게 한 가지 제안을 건넸다.

"하이랜드 팀에 들어가서 다시 럭비를 시작해. 만약 이 제안을 받아들인다면 가석방을 시켜 줄게."

본래 자신의 팀이 아닌 경쟁 팀에 들어가라니! 도무지 납득하기 어려웠으나 소년원 생활보다는 나을 것 같은 생각에 릭은 감독의 제안을 받아들였다. 그러나 하이랜드 팀에 들어가서도 이전과는 별반 다를 것 없는 반항적인 생활을 했으며, 경기 중에도 오직 자신만 돋보이기 위해 노력했다. 그러나 그의 행동은 결국 '하이랜드' 팀에 큰 패배를 안겨 주었다. 하지만 '하이랜드' 선수들과 팀 코치인 래리 갤윅스는 릭을 포기하지 않았다. 외톨이처럼 숨어 있는 그에게 다가가 끝없이 손을 내밀고, 말을 걸고 마음을 보여 주었다. 긴 시간 조건 없이 자신을 믿어 준 동료들 덕분에 릭은 점점 변화하게 되었다. 그리고 어느 순간 동료들을 완전히 믿게 되었다.

이 이야기는 미국에서 가장 성공한 코치로 손꼽히는 '래리 갤윅스'가 이끄는 럭비팀 '하이랜드'의 실화를 다룬 영화 'Forever strong'의 줄거리이다. 실제로 그는 선수들을 코칭할 때 이런 이야기를 했다.

"중요한 건 챔피언이 아니라 챔피언 팀이다."

전쟁터처럼 치열한 삶의 전선에서 성공은 뛰어난 두뇌와 능력으로 누군가를 뛰어넘어야 하는 것으로 생각한다. 그러나 정작 그것보다는 자신을 완전히 믿어 주는 누군가와 함께할 때 더 큰 힘을 발휘할 수 있다. 그리고 내가 아닌 다른 사람을 위할 때 그 힘은 더욱 위대해진다고 한다. 우리의 삶도 그렇지 않을까? 업무 현장에서 주어진 업무를 해 내고, 다양한 고객들을 만나서 응대하며 치열한 삶 속에 살고 있다. 각자의 주관과 신념에 따라 그 속에서 살아 내고 있지만 '챔피언 팀'을 만들기 위해 중요한 것은 그들의 장점이 빛날 수 있도록 '팀워크'라는 단어로 묶어 줄 수 있는 대표자의 노력이 필요하다.

서빙 직원과 조리 직원과의 상호 약속이 맞지 않아서 실수가 발생했다고 해서 고객이 있는 홀 내부까지 다 들리도록 서로를 탓하는 것이 아니라, 고객 앞에서 동료의 실수를 폄하하는 것이 아니라 '팀'이라는 의식 속에서 유연하게 해결하는 자세가 필요하다. 그 노력의 선두에는 중심을 잘 잡는 것이 대표자로써 해야 할 일이다. 그래야만 직원 각자의 장점을 고객들이 잘 느낄 수 있다. 그리고 그것이 우리 가게를 지속시키는 힘을 키우는 방법이다.

Management : 경영

가계 운영을 위한 철학은 지속시키는 힘을 강하게 만든다

2

01

성공을 위해 가장 먼저 해야 할 것은 CS경영

'고객'이라는 단어를 들으면 가장 먼저 누가 떠오르는가? 지난 주말에 거나하게 취한 모습으로 소란을 피웠던 사람이 떠오를 수 있고, 첫 방문 이후 지인들을 데리고 끊임없이 방문하는 반가운 사람이 떠오를 수도 있다. 서비스 측면에서 고객은 크게 두 가지로 분류된다. 정기적 또는 비정기적으로 우리 가게를 찾아오는 '외부 고객'과, 늘 함께하며 성과를 만들어 내는 '내부 고객', 즉 직원(아르바이트)들이 있다. 대표자로써 우리는 어느 고객에게 집중해야 할까?

2018년 4월 23일 '보배드림' 사이트에 '저는 악덕 업주입니다'라는 제목의 사연이 올라왔다. 작은 식당을 운영하고 있다는 A씨는 진상 손님에 대한 이야기를 풀어 가던 중 '제일 기억에 남는 주사(술주정) 손님'이라는 말과 함께 일화를 전했다.

A씨에 의하면 3~4명의 남성 손님이 식당에서 술을 먹던 중 한 명이 스무 살 아르바이트생 B씨의 엉덩이를 주무르는 사건이 발생한다. 그 장면을 목격한 A씨는 망설임 없이 성추행을 저지른 손님의 얼굴을 가격했다. 손님은 코뼈가 내려앉았고, 옆에 있던 일행들은

경찰을 부르려다가 성희롱한 것이 들킬까 봐 머뭇거렸다. 당당했던 A씨는 오히려 자신이 경찰에 신고를 하려고 나섰다. 그러자 자신을 위해 싸워 준 A씨에게 B씨는 이렇게 이야기했다.

"사장님 잡혀 갈 수 있어요. 경찰 부르지 마세요."

다음 날 아르바이트생의 엉덩이를 만졌던 손님은 부인과 함께 찾아왔다. 그런데 부인이 한 말은 가관이었다.

"엉덩이 한 번 만진다고 닳는 것도 아니고 술 먹고 실수할 수도 있는 것 아니에요?"

라며 도리어 따지고 들었다. 이를 들은 A씨는 그 자리에서 소주 한 병을 원샷했다. 그리고 손님에게 엄포를 놓았다.

"나 지금 술 먹고 실수할 테니 도망갈 거면 지금 도망가라."

그 손님들은 후에 A씨를 동네 깡패처럼 소문냈지만 이를 믿는 사람은 아무도 없었다. 30년 넘게 살아온 동네의 주민들이 그의 성품을 모두 알고 있었기 때문이었다(출처 : 인사이트 2018년 4월 24일).

위 사례는 업무 현장에서 대표자의 적절한 역할이 얼마나 중요한지를 보여 주는 사건이다. 실제 우리 주변에도 집단의 대표자의 역할에 따라 집단 전반의 분위기나 생산성에 영향을 미치는 사례를 종종 볼 수 있다.

2011년 11월, 고객 응대 현장 코칭 차원에서 방문한 그곳은 7년이 지난 지금도 생생한 기억으로 남아 있다. 지점장님은 코칭 프로그램에 대한 전반적인 소개를 마친 후, 나를 직원들에게 소개했다. 직원들에게 인사를 건네자마자 모여 있던 직원들의 1/2 정도가 자리에서 일어나 교육장을 나갔다. 조금 당황스러운 상황이었지만 바쁜 업무 등등 때문에 그럴 수도 있다는 생각으로 마음을 다잡았다. 남아 있는 직원들과 친밀도 형성을 위해 짧은 이야기를 나누던 중, 나머지 절반의 직원이 교육장에서 나갔다. 조금 전보다 훨씬 당황스러웠지만 그럼에도 불구하고 예정된 일정은 소화해야 했기에, 교육 대상자의 1/3 정도만 남은 상황에서 일정을 마무리 지었다.

이 조직의 지점장들은 평균 3년을 주기로 순회 근무를 한다. 그런데 이곳의 사정을 들어 보니, 지난 10년간 6번의 지점장이 바뀌었다고 한다. 10년이면 이동 횟수 3~4회에 비하면 조금 많은 편에 속한다. 그렇게 스쳐 간 지점장들은 본인들의 업무 평가에만 집중해서 실적만 챙길 뿐 직원들과의 유대 관계는 없었다고 한다. 그렇다 보니 지점장의 자리에 그 어느 누군가가 부임해 와도 직원들은 신뢰하지 않았다고 한다. 그리고 조직의 전반적인 지침이나 시스템에 대해 부정적인 마인드를 가지게 되었다고 한다.

물론 지금은 그때와는 많이 다르다. 2년 전 부임한 지점장님 덕분이었다. 그분이 그곳에 발령받아서 가장 처음 한 일은 '직원들의 마음을 살피는 것'이라고 하셨다. 업무상 개인플레이가 심했고, 그 어떤 지침에도 시큰둥한 반응을 보이는 직원들을 보면서 '현재 자신의 위치에서 직원들에게 무엇을 해 줄 수 있을까?'라는 생각을 가장 먼저 하게 되었다고 한다. 그래서 생각해 낸 방법은 직원들과 접촉 횟수를 늘리는 것이었다고 한다. 티타임(tea-time)을 가장한 자연스러운 개별 면담, 팀별 회식 자리의 필수 참석 등등 마음을 살피기 위한 다양한 노력들을 하다 보니 직원들의 마음이 점차 열리기 시작했다고 한다. 그 결과, 조직의 분위기는 변했고 그 변화는 직원 개개인의 성과와 점포의 성과로도 연결되었다. 이 놀라운 변화는 본사에서도 주목할 만한 화젯거리가 되었다.

개인적인 직무 특성상 특정 브랜드의 전국 체인점을 다니며 현장 코칭을 다닌다. 효율적인 코칭을 위해 개인의 직무 행동에 대한 해석이 필요한데, 그 해석의 기준이 되는 것이 외부인의 시각에서 집단 내부를 들여다보는 것이다.

분명 동일한 업종의 체인점을 방문한다. 그럼에도 불구하고 대표자의 경영 스타일이나 방침에 따라 조금씩 다른 경영 시스템(상하 소통 시스템 및 직원 복지 등)으로 운영되는 곳이 있다. 이런 곳에서 개인 직무 행동을 파악 후 매뉴얼에 기본한 내용으로 현장 코칭을 하지만 마무리가 될 때쯤이면 일부 직원들은 나에게 이런 이야기를 한다.

"강사님, 무슨 말씀인지 알긴 하는데요, 해 보려고 마음을 먹다가도 회사를 보면 그 마음이 사라져요."

대표자의 입장에서는 성과가 낮은 직원들이나 하는 이야기일 것이라 생각할 수도 있다. 그러나 실제로 위와 같은 이야기를 많이 듣는 곳은 경영 시스템이 조금 아쉬운 곳들이다. 직원 개개인에 따라 그런 느낌을 느끼는 강도의 차이만 있을 뿐 경영 시스템이 아쉬운 곳에서는 실적이 좋든 나쁘든 모든 직원에게 동일한 이야기를 듣게 된다. 그런데 한 가지 안타까운 것은 대표자들도 이 사실을 알긴 알지만 개선이 되지 않는다는 것이다.

가게의 이익, 장기 근무, 고객 서비스 향상, 단골 고객 증가,
가게에 대한 만족, 생산성 향상, 고객 만족, 직원에게 서비스,
내부 고객 만족

위에 나열된 키워드 중 '성공적인 가게 경영을 위해 1순위로 하고 싶은 것'은 무엇인가? 1순위를 이루기 위해 그다음으로 필요한 키워드는 무엇인가? 대다수의 사람들은 '사장'의 마인드로 '가게의 이익'을 1순위, 그다음은 '생산성 향상'일 것이다. 실제 위의 키워드를 바탕으로 교육을 진행해 본 결과, 95% 이상의 대표자들이 1순위는 가게의 이익, 2순위는 생산성 향상을 선택했다. 그러나 그것보다 중요한 것은 사장이 아닌 '경영자'의 마인드로 가게의 이익이 아닌 '직원에게 서비스'가 우선되어야 한다. 외부 고객이 서비스에 만족하면 우리 가게에 충성 고객(단골 고객)이 되듯이 직원에게 적절한 서비스가 제공되어 '내부 고객이 만족'하면 조직에 대한 충성심, 즉 이 '가게에 대한 만족'이 발생하게 된다. 그 마음은 자발적으로 업무에 대한 자신만의 마음가짐을 체계화할 수 있는 동기를 부여한다. 이것은 '장기 근무'를 가능하게 하고 이것 덕분에 가게는 안정적인 서비스 제공할 수 있게 되어 직원들의 '고객 서비스 능력이 향상'된다. 여기까지 진행되면 당연히 '고객 만족'이 발생하고 '단골 고객'이 늘어나고 결국 '가게의 이익'이 발생하게 된다.

"강사님, 그거 다 필요 없어요. 직원들한테 서비스해 줘 봤자 조금 근무한다 싶으면 다 그만두고 가더라고요."

간혹 이런 이야기를 호소하는 대표자들을 종종 만나게 된다. 사

실, 이런 이야기를 하는 대표자들에게 오히려 반문하고 싶다. 직원들에게 무엇을 해 주었는지 말이다. 대표자의 입장에서 생각하는 '직원에게 서비스'와 직원의 입장에서 '대표자가 해 주는 서비스'에는 차이점이 있다. '해 줬다'라고 생각하기에 앞서 '우리 직원들은 내가 어떤 사람이 되길 원하는지'에 대한 고민과 양쪽 입장에서의 적절한 합의점을 찾는 행동이 중요하다.

'직원에게 서비스'하는 방법은 여러 가지가 있다. 많은 대표자들은 '금전적인 보상'을 생각할 것이다. 그러나 실제로 직원들의 이야기를 들어 보면 그렇지는 않은 경우도 있다. 앞서 이야기한 사례의 사장님처럼 몹시 난처한 상황에 놓인 직원에게 든든한 힘이 될 수도 있다. 아니면 우리 가게의 현 시점에서 직원들이 무엇을 필요로 하는지 '소통의 기회'를 늘릴 수도 있다. 고객 응대는 직원만 하는 것이 아니다. 업무에 대한 마인드는 직원만 가지는 것이 아니다. 사장의 마인드가 아닌 '경영자'의 마인드로 직원들과 업무 환경을 바라본다면 무수히 많은 가능성이 보일 것이다. 이것을 바탕으로 다양한 노력들을 시도해 보자. 그것이 우리 가게의 힘을 강화시키는 비법이다.

02

사람에게 집중해야 한다.

서비스 업계에서 가장 화두가 되고 있는 단어는 '갑질'이다. 그런데 이런 갑질의 주체가 반드시 고객들에게만 한정되지 않는다. 최근 다양한 온라인 커뮤니티에는 '고용주의 갑질', 즉 사장이 직원들에게 하는 갑질 이야기 또한 큰 화젯거리로 떠오르고 있다. 이런 가운데 고용주들의 훈훈한 마음 씀씀이로 이목을 끈 사례가 있다.

언젠가부터 TV를 켜면 여행하고 먹고 즐기는 방송들이 주류를 이루기 시작했다. 이런 분위기에 맞춰 각 방송사들은 다양한 컨셉의 프로그램을 선보이고 있는 가운데, 2018년 3월 3일 MBC에서 새롭게 방영하기 시작한 '전지적 참견 시점'이라는 프로그램이 인기를 끌고 있다.

유명 연예인의 매니저들이 거침없이 이야기하는 제보를 바탕으로 스타들의 실제 일상을 공개하는 프로그램이다. 촬영된 화면을 보면서 다양한 '참견 고수'들이 등장해 시시콜콜한 참견을 늘어 놓는다. 방송 초반에 부진한 시청률을 보이던 중 개그우먼 이영자 씨의 맛집 소개로 순식간에 인기 프로그램의 대열에 합류했다.

그녀가 소개한 다양한 맛집 중 2018년 5월 5일 방영된 닭볶음탕 집이 있다. 그곳은 몇몇 지인들이 모여 체인점 방식으로 운영되는 곳인데, 이영자 씨가 소개한 그 집은 동료 개그맨이 운영하는 곳이다. 오프라인에서 사람들의 입소문을 따라 맛집으로 평가되던 중, 방송에 소개되자 손님이 급격하게 모이기 시작했다. 감사한 마음으로 장사를 하던 중 해당 가게 사장은 자신의 SNS에 사진 한 장과 글을 올렸다.

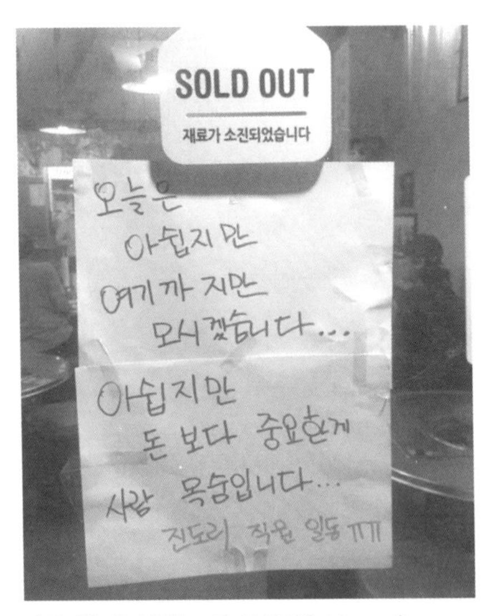

사진 및 글 출처 : 인스타그램 kisoo_byun

"많이 사랑해 주셔서 감사합니다!! 최근 들어 배우는 것은 돈도 중요하지만 직원들의 마음, 체력도 헤아리는 것이 중요하다고 생각합니다!! 언제까지 이 사랑이 이어질진 모르지만 저와 직원들이 탈나지 않고 소화할 수 있는 선까지만 모실게요. 이해 부탁드립니다!

(중략) 앞으로도 친절히 모시겠습니다. 손님 여러분도 조그만 배려 부탁드립니다."

많은 사업주들 중에서 손님이 몰려오는, 소위 말하는 장사가 잘되는 상황에서 위 사례와 같은 선택을 할 수 있는 사람은 몇 명이나 될까 하는 생각이 들었다. 훈훈함을 자아내는 또 다른 이야기가 있다.

2018년 4월 17일 KBS 2 '1대 100'에서 스타 셰프 최현석 씨가 출연했다. 이날 최현석 셰프는 직장 생활 20년 만에 자신의 레스토랑을 열었다고 밝히며 축하를 받았다. '직원 복지 스케일이 남다르다'라는 사회자의 질문에 그는 이렇게 말했다.

"별것 없어요. 12월에 그동안 고생한 것에 대한 보상으로 2달치 월급을 준 것 말고는 딱히 남다른 복지라고 할 것이 없어요."

그는 레스토랑을 오픈하며 직원들이 직장도 그만두고 무직 상태로 4개월간 함께해 준 것이 고마워서 '마이너스가 나지 않는다면 2달치 월급을 꼭 주겠다고 약속했었다'라고 말했다. 그 덕분에 지난 1월 인건비가 1억 원 가까이 나왔다고 했지만 그는 이런 말로 고마움을 표현했다.

"직원들이 있어야 내가 있다"(출처 : 인사이트 2018년 4월 18일).

나 역시 대학에 입학한 후 용돈 및 기타 비용을 벌기 위해 3년 반 동안 쉬지 않고 아르바이트를 했었다. 음식점에서 일할 때는 아침 일찍 단체 주문이 있는 날이나, 기간제 판촉 행사로 손님이 몰려들 때는 어김없이 평소와 다른 빡빡한 근무 시간과 야근을 하게 된다. 끊임없이 주문을 받고, 계산을 하고, 테이블을 치우다 보면 가게에 더 이상 손님들이 들어오지 못하도록 간이 펜스를 치고 싶다는 생각이 들 때가 있었다. 장사가 잘된다고 싱글벙글하는 사장님에게 손님들 좀 돌려보내 달라고 말하고 싶을 때가 한두 번이 아니었다.

정신없이 일을 하다 보면 어느새 폐점 시간이었다. 서둘러 마감 정리를 하고 동료들과 인사를 나눈 후 지친 발걸음으로 집을 향해 걷다 보면 왠지 모를 허전함, 야속함 등등이 섞인 미묘한 감정들이 몰려왔다. 아무리 바빠도 힘들게 일하는 우리를 좀 생각하면 좋았을 텐데.... 이런저런 생각을 하며 걷다 보면 다음 날 아르바이트 근무는 그냥 패스하고 싶은 마음이 굴뚝같았다.

보통의 사장들은 가게의 이윤을 먼저 생각한다. 손님들의 사랑이 언제까지 이어질지 모르기 때문에 한참 인기가 있을 때 부지런히 운영해야 한다고 생각한다. 그런데 그것은 어디까지나 '자신의 가게'이기 때문에 가능한 마음이다. 물론, 직원들이 '주인 의식'의 마인드를 가지면 되지 않겠느냐는 이야기할 수도 있다. 그러나 아무리 그렇다고 해도 '사장'의 마인드와 '주인 의식'의 마인드에는 엄연한 차이가 존재한다. 그렇기 때문에 '사장'의 마인드를 가진 쪽에서 직원들을 먼저 생각하고 살필 필요가 있다.

든든한 힘이 되어 줘야 할 고용주들의 악행에 많은 사람들이 어려움의 목소리를 내고 있다. '고용주의 갑질 유형'에 대해서는 경험자 가운데 57.1%(복수 응답)가 '반말 등 인격적인 무시'를 꼽아 가장 많았다. 불합리한 요구나 부당한 지시(47.7%), 이유 없는 화풀이(47.2%), '감정 노동' 강요(40.7%), 폭언(28.6%) 등이 뒤를 이었다. 그러나 아르바이트생들이 여러 유형의 갑질을 경험하고 있으나 이에 적극적으로 대응하지는 못하는 것으로 나타났다.

갑질을 당했을 때 대응 방식에 대해 '그냥 참는다'라고 밝힌 응답자가 57.2%로 가장 많았으며, '지인에게 심정을 털어놓는다'(18.8%)라는 응답이 뒤를 이었다. 관련 단체에 신고하거나 도움을 요청한다는 답변은 1.9%에 그쳤다(출처 : 연합뉴스 2018년 5월 4일).

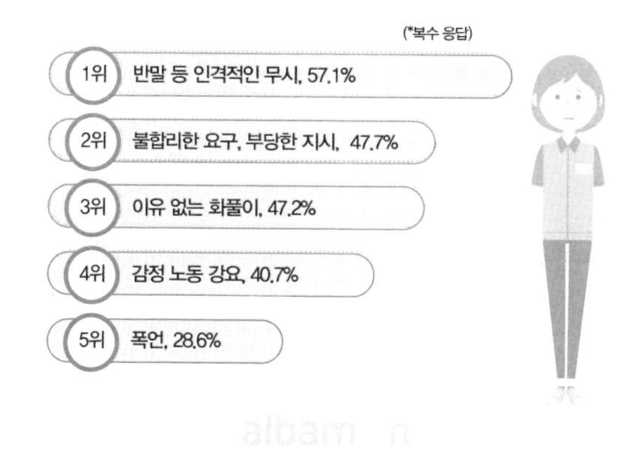

출처 : 아르바이트 포털 '알바몬' 2018년 5월 4일

내가 20대 아르바이트 시절에 겪은 속상하고 아쉬운 상황, 요즘 시대의 아르바이트생들이 겪는 불합리한 상황, 즉 '고용주의 갑질' 상황에서 보이는 공통점이 있다. 아르바이트생(또는 직원)은 '약자'의 입장이라는 것이다. 대응을 하고 싶다. 작은 요구 사항이라도 표현하고 싶다. 그렇지만 '그냥 참는' 대응을 할 수밖에 없는 이유는 '약

자'이기 때문이다. 마음속에 답답함을 품고 근무하는 사람들에게 어떤 것을 기대할 수 있을까? 사장으로서 지향하는 목표에 함께 가자는 말을 해도 같이 할 수 있는 사람은 몇 명이나 될까?

유명 개그맨과 스타 셰프의 사례에서 우리가 주목해야 할 점은 무엇을 해 주었나, 얼마의 임금을 지불했나 하는 것이 아니다. 함께 수고하고, 노력하는 직원들의 마음을 먼저 알고 살펴 주었느냐 하는 사장의 마음가짐에 주목해야 한다. 최현석 셰프가 한 말처럼 직원들이 있어야 사장이 있다. 사장 혼자서 음식을 만들고 서빙을 하고 가게를 관리할 수는 없다. 고객이 '내 가게'의 단골이 되는 이유는 내가 공들여 개발한 음식이나 제품뿐만은 아니다. 직원이 충족시켜 주는 심리적 만족감도 중요한 몫을 차지한다. 그렇기 때문에 사장으로서 '일보다는 사람이 먼저'라는 생각을 가지고 그 마음을 직원들에게 표현하면, 그들의 행동은 자연스럽게 내 목표대로 따라오게 된다. 그럴 때, 우리 가게를 지속시키는 힘을 더욱 강하게 만들 수 있다.

03

힘을 강하게 만드는 핵심 키워드! '커뮤니케이션'

"평소에 주변인들과의 커뮤니케이션이 잘된다고 생각하세요?"

'커뮤니케이션'을 주제로 하는 교육을 시작하기 전, 학습자들에게 이런 질문을 해 본다. 각자의 상황에 따라 다양한 형태의 답변을 이야기한다. 기업에서는 직무 교육 그다음으로 중요하게 생각하는 부분이 '커뮤니케이션' 교육이다. 조직을 유지하고 생산성을 향상시키는 것에 가장 중요한 원동력이라고 생각하기 때문이다. 실제로 조직 내 '커뮤니케이션'과 관련된 재미있는 기사가 있다.

근로자 42% '직장 내 소통단절, 근무의욕 꺾는다.' …
"님 외계인이세요?"

잡코리아가 알바몬과 공동으로 '직장인과 알바생 2,860명'을 대상으로 실시한 설문조사 결과, 직장인 10명 중 8명과 알바생의 10명 중 6명이 직장 내에서 외계인이라도 만난 듯한 소통 장애를 겪어 본 경험이 있는 것으로 파악됐다.

조직 내에서 '소통 장애'를 경험한 비율은 직장인 79.1%, 알바생 61.0%로 집계됐다. 소통 장애를 겪는 대상(복수 응답)으로는 '사장님 등 회사 임원(39.6%)'이 1위를 차지했다. 이어 상사(36.9%), 고객(30.4%), 동료(23.9%), 거래처 및 협력사 등 회사 외부 조직(15.9%), 타 부서 직원(13.4%) 등의 응답이 이어졌다. (중략)

소통 장애를 느낀 이유(복수 응답)로 절반을 넘는 55.0%의 응답자가 '상대방의 말은 듣지 않고 자기 말만 하는 탓'을 꼽았다. 이어 '알아들은 줄 알았는데 이후에 아무것도 반영되거나 바뀌지 않아서(39.7%)'와 '내 말을 도무지 이해하지 못하는 것 같아서(36.8%)'가 근소한 차이로 2, 3위를 차지했다. (중략)

이와 같은 소통 장애는 조직 생활에 '의욕 상실'(알바생 44.0%, 직장인 39.8%), '인간관계에 대한 스트레스'(20.9%), '업무 효율 저하'(13.6%), '애사심 저하'(6.5%) 등 부정적인 결과로 이어졌다(이하 생략)(출처 : 청년일보 2017년 2월 3일, 박상희 기자).

앞서 이야기한 교육 전 질문에 대해서 학습자의 직급에 따라 재미있는 결과가 나온다. 대표자 또는 조직 내 상급자들을 대상으로 하는 교육에는 절반 이상을 넘는 사람이 커뮤니케이션이 잘된다고 이야기한다. 반면, 직원이나 부장 이하의 조직 구성원들을 대상으로 하는 교육에서는 정반대의 결과가 나타난다. 같은 조직에서 근무하고 있는데 무엇 때문에 커뮤니케이션에 대해서는 전혀 다른 입장을 보이는 "커뮤니케이션의 동상이몽(同床異夢)" 현상이 나타날까?

업무 현장에서 교육을 진행하게 되면 거의 대부분이 이른 아침, 업무가 시작되기 전에 교육이 이루어진다. 대표자가 간략한 업무 사항을 먼저 전달한 후, 곧바로 교육이 시작된다. 교육장 한편에서 대표자가 조회하는 모습을 관찰하다 보면 참 다양한 스타일의 대표자들이 계신다는 생각이 든다. 그런 생각을 가지고 계속 관찰하다 보면, 곧 이곳 직원들의 성향을 대략적으로 파악할 수 있게 된다.

교육이 끝나고 직원들과 대화를 나눠 보면 부정적인 이야기들을 주로 한다.

"그걸 한다고 되겠어요?"

"좋은 건 알죠. 하면 좋겠죠. 그런데 저희는 못 해요."

"그런 이야기는 저희들 말고, 저희 대표님에게 해 주세요."

"강사님, 괜한 수고하지 마세요. 이야기해도 절대 안 바뀔 거예요."

일정이 끝날 무렵, 업무와 관련된 여러 가지 개선 사항을 가지고 대표자와 이야기를 나누게 되는데, 이때 추가적으로 제 3자의 입장에서 본 대표자의 모습을 이야기한다.

"대표님, 이런 상황에서는 본인의 의견보다는 직원들의 말을 먼저 들어 주시고 서로 간의 입장 차이를 좁힌다면 더 좋은 결과가 있을 것 같습니다."

"네 뭐.... 맞는 말씀이네요. 노력은 해 보겠습니다."

6개월이 지나서 다시 방문을 해도 이전의 분위기와는 딱히 달라진 것이 없었다.

직원들의 입장은 이러했다. 대표자와 직원이 함께 노력해서 유지하는 조직이니, 같은 길을 걷되 서로의 생각과 의견을 조율하는 조직이 되었으면 하는 바람이라고 한다. 그러나 대표자의 입장은 조직에 있으니 그 조직을 대표하는 자신의 의견을 따르는 것이 올바른 방법이 아니냐는 것이다. 같은 길을 함께 가고자 하는 의견은 일치한다. 그러나 걷는 방법에 있어서 서로 다른 입장의 차이를 보이는 것이 너무 안타까웠다.

앞서 이야기한 기사에 나온 소통 장애의 원인인 '상대방의 말은 듣지 않고 자기 말만 하는 탓'과 '알아들은 줄 알았는데 이후에 아무것도 반영되거나 바뀌지 않아서'가 나타나는 조직이 존재한다는 사실에 놀라지 않을 수 없다. 이 조직의 결과물은 어땠을까? 월말, 연말 조직의 실적은 거의 하위권이었다. 조직에서 동기 부여가 안 되니 업무 의욕이 저하되는 것은 당연했다. 이런 현상이 몇 개월간 지속되다 보면 대표자가 직원들에게 하는 잔소리는 점점 늘어났다. 그러자 이런 분위기를 견디다 못한 직원들을 조직을 떠나게 되었고, 직원들의 교체가 빈번해지자 조직의 실적은 여전히 불안정했다.

'직장'과 '아르바이트'는 서로 다르다고 생각할 수 있다. 그러나 이와 같은 커뮤니케이션의 어려움은 직장보다는 아르바이트 현장에서 더욱 쉽고 빈번하게 발생한다. 오래 근무하는 것이 아니라고 생각하기 때문에, 또는 아직 생각이 미성숙한 어린 아이들이라고 생각하기 때문이다. 그러나 직장의 정식 조직원이든 아르바이트생이든 어떤 커뮤니케이션 방식을 가지느냐에 따라 그들이 나타낼 수 있는 결과물에는 차이가 있다는 것은 분명한 사실이다.

커뮤니케이션(communication)의 사전적 의미는 '사람들끼리 서로 생각, 느낌 따위의 정보를 주고받는 일'이라고 규정하고 있다(출처 : 표준국어대사전). 다른 말로 표현하면 '소통'이라고 할 수도 있다. 이 의미에 비춰 우리의 모습을 잠시 돌아보자. 나는 직원들과 대화할 때 어떤 커뮤니케이션 방식을 주로 사용하는가? 내가 대표자이기 때문에, 내 생각이 조금 더 나을 수 있다는 마음 때문에 직원들이 이야기할 때 귀를 닫고 있지 않았는가? 이야기를 듣고 말하기보다는 일방적인 전달만 하지는 않는가? 무조건 나의 이야기만 한다고 해서 커뮤니케이션이 잘되는 것은 아니다.

하지만 모든 대표자들이 커뮤니케이션에 서툴거나 그것 때문에 어려움을 겪는 것은 아니다. 커뮤니케이션에 대한 자신만의 신념을 가지고 관계 형성에 적극적으로 활용하는 경우도 있다.

플로리스트 황민아 씨는 꽃집을 운영하는 새내기 사장이다. 그녀는 평소 외국인이라고 오해하는 사람들이 있을 정도로 조금 독특한 발음을 가지고 있다고 한다. 이런 발음을 가지게 된 것에는 조금 특별한 이유가 있다. 사실 황민아 사장은 후천적으로 청력의 90%를 잃어서 기계를 이용해 소리를 듣고 사람들과 소통하기 때문이다.

평소 사람들과 대화하는 것이 너무 좋았다는 황민아 사장은 더 많은 사람들과 소통하기 위해 꽃집을 운영하게 되었다고 한다. 직장생활과 꽃집을 운영하면서 황민아 사장은 깨달은 것이 있다고 한다.

"잘 들리고 말 잘한다고 소통을 잘하는 것은 아니다."

잘 들리지 않는다는 장애 요소가 있기 때문에 대화를 할 때 가장 먼저 하는 일은 사람의 얼굴을 보는 것이라고 한다. 그러면서 상대에게 집중을 하고 마음을 읽으려고 노력하게 된다고 한다. 이것 덕분에 사람들과 진심을 소통을 할 수 있게 되었다고 한다.

비장애인인 우리의 모습도 마찬가지이다. 잘 듣고, 잘 들린다고 해서 커뮤니케이션을 잘하는 것은 아니다. 또한 나의 이야기만 한다고 해서 커뮤니케이션을 잘하는 것은 아니다. 나의 이야기를 하기에 앞서 상대방에게 얼마나 집중하고, 얼마나 마음의 이야기를 들을 준비가 되어 있는지 점검해 보자. 들었을 때 그것을 얼마나 반영할 준비가 되어 있는지도 점검해 보자. 만일 내가 가고자 하는 방향과 의견이 다르다고 한다면 어떻게 조율할 것인지도 점검해 보자. 3박자가 잘 조합되었을 때 조직은 성공의 길을 걷게 된다.

04

가게에 활력을 불어넣는 스킨십 경영

여러 조직에서 교육을 하다 보면 그 조직만의 특성을 갖춘 다양한 인사법을 보게 되는 경우가 있다. 서로 간의 친밀도가 높은 동성 집단이라면 '포옹 인사'를 하는 곳이 있다. 이것이 조금 부담스럽다고 하면, 활기찬 업무 시작을 위해 가장 쉽게 선택하는 인사 방법이 '하이파이브'이다.

2017년, 현장 교육을 위해 방문한 그곳은 강원도 산간 지역에 위치한 곳으로, 그곳 직원들과 만나게 된 지도 벌써 8년이 넘었다. 이곳은 지역적, 지리적 특성 때문에 직원들 대부분의 성향이 차분하고 소극적인 경우가 많았다.

오랜만에 방문한 그날은 새로 부임하신 지점장님이 계셨다. 늘 그렇듯 허리 숙여 정중히 인사를 건넸다. 인사를 받으신 지점장님께서는 나에게 다가와 하이파이브를 요청하셨다. 예상치 못한 인사 방법에 당황해서 잠시 멈칫했지만 두 손을 들어 '짝' 소리가 나게끔 있는 힘껏 손바닥을 마주쳤다. 잠시 뒤, 한두 명씩 직원들이 출근하기 시작했다. 그리고 지점장님은 직원들이 들어올 때마다 하이파이브 인사를 나누었고, 직원들끼리도 서로 하이파이브를 하는 것이었다.

"어머! 어머! 지점장님, 직원들이 이런 인사를 하세요? 어머! 웬일이야...."

오랜 시간 그곳을 방문했지만, 과거에는 한 번도 볼 수 없었던 모습 때문에 놀라움을 감출 수 없었다. 지점장님 말씀에 의하면 처음에는 모두가 어색해했다고 한다. 그런데 하루 이틀 지나면 지날수록 직원들이 즐거워하기 시작했고, 덕분에 활기찬 아침 분위기를 만들 수 있었다고 한다. 그런 분위기 덕분인지 지점장님이 그곳에 부임해 계시는 동안에는 업무 실적이 조금씩 향상되었다고 한다.

스킨십이 조직에서 성과를 만들어 낸 것은 자그마한 시골의 변화만은 아니다. 우리가 잘 알고 있는 기업에서도 이것을 활용해서 눈에 띄는 성과를 만들어 낸 곳이 있다.

2007년에 취임한 아우디 재팬(Audi Japan), 도미니크 베쉬 사장은 언제나 80여 명의 직원과 직접 악수로 인사하며 아침을 시작했다고 한다. 이것을 시작하게 된 배경은 조금 특별했다. 처음 취임했을 때, 부서 간의 커뮤니케이션이 부족해서 신모델 출시에 맞춰 내놓은 판매용 카탈로그의 제품 색상과 실제 독일에서 운송돼 온 차량 색상이 다른 일도 벌어졌다.

베쉬 사장은 사내 분위기를 개선하고, 개인보다 회사 전체를 먼저 보는 마음가짐을 전 직원에게 불어넣기 위해 온 힘을 다했다. 많은 방법 중 그가 선택한 것은 '악수'였다. 사실, 단순한 악수가 아니라 악수라는 형식을 통해 직원 개개인의 근황을 물어보며 '당신에게 관심이 있다'라는 것을 전달하기 위한 전략이었다고 한다.

모두가 그렇듯 이곳 직원들도 처음에는 어색해했다. 그러나 아침마다 노력한 30분 정도의 시간 덕분에 기업 분위기는 물론 실적도 한층 개선됐다. 모든 자동차 회사들의 판매량이 감소하던 금융 위기 기간에도 아우디 재팬(Audi Japan)의 2009년 판매량은 전년에 비해 8.8% 성장을 거뒀다고 한다(출처 : 한국경제 2010년 9월 3일).

이처럼 직원들과 나누는 스킨십은 조직의 분위기 형성과 업무 능력 발산에 긍정적인 영향을 미치게 되는데, 이런 경영 방식을 일컬어 '스킨십 경영'이라고 한다. 이와 관련된 연구로, 컬럼비아대학교 조너선 리바브 교수 팀은 조직을 대상으로 한 연구에서 타인의 토닥거림, 등 두드려 주는 행위를 받은 성인 남성의 경우에 배짱이 두둑해지고 자신감이 향상되었다는 결과를 얻었다고 한다. 즉, 조직 구성원들의 심리적 거리는 성과와 반비례한다는 이야기이다. 조직 내에서 가벼운 스킨십을 통해 안부, 근황, 격려 등을 전달하다 보면 심리적 거리는 자연스럽게 좁혀져서 관계의 거리는 짧아지고, 조직의 성과는 향상된다.

최근 들어 스킨십 경영 방식은 내부 고객(직원)뿐만 아니라 외부 고객에게도 적극적으로 활용되고 있다. 이미 해외에서는 2000년대 초반부터 활성화되었지만, 우리나라에서는 2010년 후반에 활성화되어 농협, LG디스플레이 등 다양한 기업들이 적극적으로 활용하고 있는 경영 방식이다. 내부 고객들이야 앞서 언급된 사례에서처럼 하이파이브, 악수, 포옹 등을 하면 된다고 하지만 외부 고객들에게는 어떻게 해야 할까? 이때는 '스킨십'이라는 단어를 두 가지 관점으로 해석하면 될 것 같다. 표면적 의미의 관점인 '상호 접촉으로 발생되는 심리적 교류에 의한 새로운 경험을 제공'하는 관점과, '고객을 향한 꾸준한 관심을 제공'하는 심리적 스킨십 관점이다.

고객에게 새로운 경험을 줄 수 있다.

가장 대중적인 커피 브랜드를 선택하라고 한다면 많은 사람들은 S사를 선택한다. 이곳은 자사 브랜드를 방문한 고객들의 이야기를 듣기 위해 불특정 다수의 고객들을 대상으로 '고객 경험 설문조사' 대상자를 선택한다. 매장을 방문한 고객 중 누가 그 대상자가 될지는 아무도 모른다. 늘 방문하던 곳에서 어느 날 갑자기 "고객님, 저랑 하이파이브 한 번 하시겠어요?"라는 질문을 받게 되면 해당 고객은 설문조사 대상자가 된 것이다. S사는 왜 이런 방식을 선택했을까? 설문에 일일이 답변하기 귀찮아하는 고객들의 심리를 파악하고, 새로운 경험을 통해 부담 없이 받아들이게 하고, 고객이 의견을 적극적으로 표현할 수 있도록 유도하기 위함이다.

또 다른 사례를 한 가지 더 살펴보자. 서울 및 수도권, 지방 몇몇 도시에 체인점을 가진 M업체는 고객들과 재미있는 스킨십을 주고받는다고 한다. 음식을 테이블로 가져온 뒤 직원들은 고객에게 이런 말을 건넨다고 한다.

"고객님의 맛있는 식사를 위해 저와 하이파이브 한 번 하시겠어요?"

하이파이브를 한다고 해서 소스를 추가해 주거나 토핑을 더 얹어 주지는 않는다. 단지 색다른 경험을 제공함으로써 고객의 기억을 새롭게 디자인하고, 심리적 음식의 맛을 더욱 증가시키는 것이다.

이런 방식은 식음료 분야뿐만 아니라 미용 분야에서도 활용되고 있다. 전국 체인을 자랑하는 E업체에서는 창업 45주년을 맞이해서 '하이파이브 캠페인'을 시작했다고 한다. 특정 시간대를 설정한 뒤, 고객이 출입문에 진입하면,

"고객님 저희가 45주년을 맞이했습니다. 앞으로도 함께하자는 의미에서 하이파이브 한 번 하시겠어요?"

라고 하면서 고객을 맞이한다. 그리고 고객의 스타일링을 마친 후,

"고객님, 오늘 스타일링에 만족하셨다면 하이파이브 한 번 하시겠어요?"

라고 권한 뒤 고객을 배웅한다고 한다. 서비스 접점에서는 고객의 처음과 마지막의 기억이 가장 중요하는 점을 잘 활용해서 고객에게 새로운 경험과 좋은 기억을 전달한 적절한 사례이다.

실제 이곳을 방문한 고객들의 후기를 살펴보면, 처음에는 고객들도 많이 당황스러웠다고 한다. 그러나 쭈뼛쭈뼛 손을 내미는 직원들과 쭈뼛쭈뼛 하이파이브를 하고 나면 왠지 모르게 기분이 좋아진다고 한다. 그 경험은 기억의 잔상에 오래 남아 다시 방문하고 싶게 만든다고 한다.

사람들은 스킨십으로 심리적 유대 관계를 형성한다고 한다. 우리나라는 '스킨십'이라는 것에 조금 인색하고 어색할 수도 있다. 그러나 그것이 가져다주는 심리적 효과는 생각보다 크기 때문에 이것을 적절하게 활용하면 고객들에게 색다른 경험을 줄 수 있게 된다.

고객에게 꾸준한 관심을 표현할 수 있다.

꾸준한 관심을 제공하기 위해서는 나의 가게가 어디에 위치해 있는지, 어떤 고객들이 주로 방문하는지를 파악해야 한다. 흔히 '골목 상권'이라고 부르는 곳에 가게가 위치해 있다면, 방문하는 손님들이 1회성은 아니다. 고정적이기 때문에, 안정적이기 때문에 적당한 음식을 제공하고 적당히 응대하려고 한다. 그러나 어느 날 갑자기 생기는 경쟁사에게 고객을 빼앗길 수 있다. 이럴 때, 흔들리지 않는 생존 능력을 키우기 위해서는 '우리 고객'들에게 꾸준한 관심을 표현할 대책이 필요하다.

골목 상권이라는 장점을 적극적으로 활용하자. 주 고객의 70~80%가 이웃이기 때문에 접촉이 쉽고, 고객에 대한 정보 파악이 쉬운 편이다. 이 정보를 파악하고 공통 요인들끼리 묶어 보면, 우리 가게에서만 할 수 있는 특화된 스킨십 경영 전략을 만들 수 있다. 이런 경영 방식으로 관계 형성을 잘해 두면 그 고객에게서 파생되는 잠재적 고객의 발굴까지 가능하게 된다.

물론, 골목 상권이 장점만 가진 것은 아니다. 소소한 감정이나 불만으로 고객을 잃을 수 있고, 필요 이상의 서비스를 요구받을 수 있다. 이런 상황에 세밀하게 대응한 후 지속적으로 방문하는 고객으로 만들기 위해서는 나만의 전략이 필요하다.

스킨십 경영의 키워드는 두 가지로 요약할 수 있다. "새로움과 꾸준함!" 이 두 가지는 내부, 외부 고객에게 모두 적용되어야 한다. 내부 고객에게는 어떤 새로움으로 동기를 부여하고 결과물의 질을 높일 수 있는지, 꾸준한 관심을 표현하기 위해 대표자로써 어떤 노력이 필요한지 고민해 볼 필요가 있다. 외부 고객에게는 어떤 새로운 경험으로 그들의 기억에 각인될 것인지, 꾸준한 관계를 유지하기 위해 어떤 방법이 필요한지 고민이 필요하다. 내, 외부 고객을 관리하는 것은 대표자가 갖춰야 할 가장 중요한 능력이다. 나의 울타리 안에 있는 그들을 잘 관리해서 맞춤형 스킨십 경영을 할 때 우리 가게를 지속시키는 힘을 더욱 강하게 만들 수 있다.

05

진정한 보상은 역지사지 경영이다.

전 세계적으로 유명한 미식 가이드를 꼽으라고 한다면 단연코 미쉐린 가이드를 생각할 것이다. 최고의 음식점을 가려내기 위해 엄격한 교육을 받은 비밀 평가원들이 일반 손님에게 제공하는 똑같은 수준의 음식을 먹은 후 재료의 수준, 요리법과 풍미의 완벽성, 요리에 대한 셰프의 개성과 창의성, 가격에 대한 합당한 가치, 전체 메뉴의 통일성과 일관성의 5가지 기준에 따라 평가를 하게 된다.

출처 : 미쉐린 가이드 홈페이지/www.guide.michelin.co.kr

이것과 비슷한 개념으로 우리나라에는 '블루리본 서베이'라는 국내 맛집 가이드가 있다. 2005년 11월 최초 발행을 시작한 블루리본 서베이는 일반인 평가자와 음식 전문 평가자들이 국내에 있는 맛집을 탐방하거나 직접 가 봤던 맛집에 대한 평가를 내리는 방식이다. 평가에 따라 리본 개수가 달라지는데, 리본 1개와 2개는 일반인 평가가 가능하며 리본 3개는 전문가 위주로 평가가 진행된다. 평가 결과에 따라 리본 1개를 받은 곳은 다시 방문할 만한 맛집, 리본 2개는 주변인 추천에 맞는 맛집, 리본 3개는 전문적인 메뉴와 요리 수준을 보여 주는 맛집이라는 의미를 담고 있다. 이렇게 블루리본 평가를 받은 맛집이나 카페는 입구에서부터 블루리본 스티커가 부착된다고 한다(출처 : 나무위키). 경우에 따라서는 자신의 가게가 블루리본 서베이에 선정되었다며 현수막을 걸고 고객들에게 직간접 광고를 하는 경우도 있다. 이처럼 미쉐린 가이드에 선정이 되었든, 블루리본 서베이에 선정이 되었든 누군가에게 맛을 인정받았다는 것은, 사장의 입장에서 가게를 홍보할 수 있는 하나의 수단이 될 것이며, 고객의 입장에서는 기대감을 가지고 방문하는 기준이 되기도 한다. 그런데 음식값을 지불하고 나온 고객들은 블루리본의 가치만큼 만족감을 얻을까?

서울시 마포구에서 블루리본 서베이에 선정되었다고 홍보하는 음식점을 발견했다. 기대와 호기심을 가지고 동료들과 함께 방문했다.

문을 열고 들어가면 직원 한 분이 맞이해 준다. 인원수를 확인한 후 적당한 자리로 안내한다. 주문 후 음식이 나올 동안 가게를 한 바퀴 둘러본다. 창가와 벽 쪽으로 고객용 테이블이 있고, 가게 가운

데에는 손님들의 요청에 따라 즉시 내어 갈 접시, 물컵, 수저, 주전자 등이 준비된 큰 테이블이 있었다. 벽면 곳곳에는 '블루리본 서베이'에 선정이 되었다는 안내문이 붙어 있었다. 청결한 환경, 꼼꼼한 준비, 믿을 만한 시각적 자료 홍보 덕분에 더 많은 기대감을 가지게 되었다. 주문한 음식이 나왔다. 가격 대비 음식의 맛도 좋은 편이었으며, 함께 온 사람들과 즐거운 식사 시간을 누리기에 딱 알맞은 분위기였다.

음식을 거의 다 먹어 갈 때쯤, 일행들과 이런저런 이야기를 나누다가 우연히 눈에 들어온 모습이 있었다. 가게 중앙에 있는 큰 테이블(손님용 접시, 물컵 등이 준비된 곳)에 서빙 직원들 서너 명이 대기하고 있었다. 그런데 그 모습이 보기에 조금 불편했다. 직원들이 서 있는 방향이 고객 쪽이나 가게 내부가 아니라 서로 마주 보거나 창밖을 보고 있었으며, 서 있는 자세는 테이블에 반쯤 엎드려 기대어 있었다. 더욱 놀랐던 것은 가게 내부에는 아직 손님이 있음에도 불구하고 서로 과자를 나누어 먹으며 이런저런 이야기를 나누는데, 그들의 사적인 이야기가 내가 앉은 테이블까지 들릴 정도로 큰 소리였다. 주변에 흔하디흔한 음식점에서도 이런 모습은 볼 수 없다. 그런데 심지어 이곳은 '블루리본 서베이 선정'이라고 광고하는 곳이다. 어떻게 이곳에서 이런 일이 가능한 것일까?

계산을 하고 나오는 길에는 우리를 처음 맞이했던 직원이 친절하게 배웅하며 질문을 던진다.

"식사는 맛있게 하셨어요? 불편한 점은 없으셨어요?"

"네."

할 말은 많았지만 조용히 가슴에 묻어 두기로 했다.

그곳에서 있었던 일이 하루 종일 내 머릿속을 떠나지 않았다. 물론 '블루리본 서베이'의 기본적인 선정 기준은 '맛'이다. 그러나 사장들은 요즘 고객들이 '맛'뿐만 아니라 기타 서비스도 민감하게 생각한다는 것을 잘 알고 있다. 그래서 '블루리본 서베이' 선정을 광고하려고 한다면 맛뿐만 아니라 기본적인 서비스 수준 정도는 갖춰야 한다는 것을 모를 리 없을 텐데, 어떻게 이런 일들이 가능할까? 단순히 서비스 마인드나 교육과 관련된 문제일까? 이런저런 생각을 하던 중, 잠시 훑어보았던 가게 내부 구조가 생각이 났다. 그리고 곧 해답을 찾을 수 있게 되었다.

가게 면적의 1/3은 주방이 차지하고 있었다. 2/3는 고객을 위한 공간이었다. 직원들은 출근하면 구석에 마련된 작은 공간에서 앞치마와 머릿수건을 꺼낸 후, 자신들의 소지품을 보관한다. 결국 그 넓은 공간에 직원을 위한 공간은 없었다. 손님이 뜸한 시간엔 직원들도 잠깐의 휴식을 누리고 싶을 것이다. 그러나 마땅한 공간이 없으니 어떻게든지 쉬어야 저녁에 방문하는 고객을 안내할 에너지를 충전할 수 있을 것이다. 그러니 어쩔 도리가 없는 그들은 잠깐의 시간에 요령껏 쉬는 것이 최선의 선택이었을 것이다.

물론 "손님들이 있는데 꼭 그런 모습으로 쉬어야 했나요?"라고 반대의 의견을 이야기할 수도 있다. 이 의견에 답을 제시하기에 앞서 원초적인 질문을 하고 싶다.

"휴식 시간에는 어떤 모습으로 있는 것이 가장 편할까요? 제대로 된 공간이 있었다면 고객이 있음에도 불구하고 그런 모습으로 있었을까요?"

잠깐 쉬기는 해야겠으나 마땅한 공간은 없고, 가게 내부(홀)에는 고객이 있고.... 직원들 입장에서는 어느 것 하나 편하지 않은 상황이었다. 내 눈에 보인 그들의 모습은 불편함을 감추기 위한 최소한의 몸부림이었고, 그것은 감추려고 할수록 더욱 잘 드러날 수밖에 없었다.

다른 곳에 비해 직원들은 친절했다. 특별히 표정이 좋았다든지 하지는 않았지만, 대다수의 직원들이 안정적인 목소리를 내며 고객이 편안함을 느끼게 했고, 그것은 친절로 연결이 되었다. 음식의 맛도 나쁘지 않았다. 가격 대비 만족스러웠으며, 블루리본 서베이에 선정될 만하다고 납득이 될 정도였다. 그러나 직원들이 보여 준 행동은 만족스러운 느낌에 찬물을 끼얹게 되는 상황이 되어 버렸다. 심지어 '블루리본 서베이 선정'에 대해 의심스러운 생각을 가지게 되기도 했다.

우리는 고객들에게 만족과 신뢰감을 주기 위해 노력한다. 그래서 고객과 직접 만나는 직원들의 언행을 관찰하며 이렇게 해 달라, 저렇게 해 달라 등 많은 요구를 한다. 그리고 직원들의 능력이 적정선에 도달하게 되면 평가 등급 향상 및 급여의 인상으로 충분히 보상했다고 생각한다. 그러나 직원의 입장에서도 그렇게 생각할까?

생계유지의 측면에서 생각한다면 그것도 중요하다. 그러나 이것 못지않게 중요한 것은 '관심'의 보상이다. 직원들은 근무지에서 다양한 환경에 노출되는 만큼 다양한 불편함을 겪는다. 이런 것들은 직원들이 이야기하기보다는 사장이 먼저 알아차리고 해결해 주었을 때, 보상의 가치는 더욱 향상된다. 앞서 언급된 그 식당도 사장의 관심과 보상이 있었다면 쾌적한 환경 덕분에 직원들은 자신의 역량을 잘 발휘했을 것이고, 더불어 고객도 만족했을 것이다.

나를 믿고 함께 걷는 사람들에게 '관심'의 보상을 선물해 주어라. 그렇게 된다면, 맛에서든 서비스에서든 각자의 역량을 잘 발휘하게 되고, 그것 덕분에 가게를 지속시키는 힘은 더욱 강화될 것이다.

06

서로 성장하고 지속하는 비결, 가치를 발견하게 하라!

사람이, 사업이 성장하기 위해서 가장 중요한 것은 가치를 발견하는 것이다. 그것을 발견할 수 있게 되는 계기는 개인의 상황이나 환경에 따라 다양하다. 업무의 가치에 대해 생각해 볼 만한 이야기가 있어 잠시 소개하고자 한다.

뙤약볕 아래에서 벽돌을 쌓고 있는 세 명의 벽돌공에게 행인이 질문을 했다.

"당신은 지금 무슨 일을 하고 있습니까?"

그러자 첫 번째, 두 번째 벽돌공이 답을 했다.

"보면 몰라요? 벽돌 쌓잖아요."

"돈 벌고 있습니다."

하지만 세 번째 벽돌공의 답변은 조금 달랐다.

"저는 지금 아름다운 성당을 짓고 있습니다."

중세 시대에 '일'을 의미하는 단어는 '아르바이트(arbeit : 고된 노동)'였다고 한다. 계급 체계가 분명했던 중세 시대에는 일을 평민들이 주로 담당했기 때문에 그들에게는 그저 괴롭고 싫은 것이었다.

그러나 종교 개혁 이후 일에 대한 개념도 달라져서 '일=소명'이란 개념으로 연결되어 더 이상 고역의 의미가 아니었다. 나아가 '일=천직'이라는 생각이 확산되어 각 분야의 장인과 전문가가 등장했고, 이것이 일에 대한 '보람과 가치'를 담는 근대적 직업관의 시작이 되었다고 한다. 그리고 현대 사회에서 일은 즐거움을 추구하는 과정으로 인식되고 있다. 더 이상 고된 노동이 아닌, 어떠한 소명 의식이 아닌 자신을 즐겁게 해 주는 무언가로 인식되고 있다고 한다(출처 : 삼성전자 홈페이지).

조직에서 만나는 직원들의 모습을 관찰하다 보면 조금 힘들고 괴로운 업무를 담당하더라도 남다른 결과물을 만들어 내는 경우를 종종 발견하게 된다. 이들을 이렇게 만든 원동력은 무엇일까? 현재 자신이 담당하고 있는 업무를 '반복되는 노동'으로 생각하느냐 아니면 '자신에게 즐거움을 주는 무언가'로 생각하느냐에 따라 다른 결과물이 발생하는 것이다. 그렇다면 우리는 함께 일하는 직원들에게 어떤 가치를 발견하게 할 수 있을까?

그 직원을 처음 만난 것은 2013년 봄, 사내 교육장이었다. 60명이 넘는 학습자들 중 가운데 자리에 앉은 그분은 유독 반짝이는 눈빛이 인상적이었다. 2시간 동안 진행되는 교육에서 그분은 모든 순간에 적극적인 모습을 보였다. 그 후로 1년이 채 안 됐을 무렵, 현장 순회 교육에서 우연히 그분을 만나게 되었다.

그날은 교육이 끝나고 그분과 대화의 시간을 가졌다. 그분이 내게 건넨 이야기는 아직까지도 내 가슴에 작은 울림으로 남아 있다.

"저희 대표님이 늘 하시는 말씀인데요, 어디에서 무슨 일을 하든 아무 생각 없이 업무를 반복하지 말고, 자신의 가치를 드러내는 일이라고 생각해야 성장이 있다고 말씀하세요. 그 말을 듣고 곰곰이 생각해 보니, 고객은 제가 어떻게 생겼는지, 어떤 옷을 입었는지 평가하지 않더라고요. 저랑 고객이랑 연결하는 '업무'로 저를 평가하거든요. 그러니 업무를 완벽하게 해 내는 것이 제 가치를 높이는 것이라고 생각해요. 이런 생각으로 근무를 하다 보니 자연스럽게 일에 대한 '프로' 의식이 생기더라고요. 나는 내 일을 할 때만큼은 '프로'예요. 그래서 업무 하나도 더 신경 써서 하게 되고, 고객을 응대할 때도 말을 더 귀 기울여서 듣게 되더라고요."

갑자기 몰려드는 업무 탓에 더 이상의 대화는 무리였다. 더 많은 이야기를 듣고 싶은 아쉬운 마음은 뒤로한 채, 그분이 업무하는 모습을 잠시 지켜보았다. 고객의 이야기를 주의 깊게 듣고 있었으며, 불편 사항을 겪은 고객의 마음도 적절하게 돌봐 주기도 했다. 표정과 눈빛에서 자신감도 넘쳐 보였다.

그분을 만나고 돌아가는 고객들에게는 공통점을 발견할 수 있었다. 처음에는 조금 격양된 표정으로 문을 열고 들어온다. 그러나 돌아갈 때는 안도의 한숨과 미소를 머금고 있었다. 그분의 영향력 때문이라고 생각했다.

그날 그곳에서 본 직원의 모습은 사장이 직원에게, 사장이 업무 현장에 기대하는 가장 인상적인 근무 모습이었다. 물론 그런 모습이 되기까지는 직원 개인의 노력뿐만 아니라 대표자의 도움도 큰 역할을 담당했다고 생각된다.

우리가 운영하는 가게에도 수많은 직원들이 왔다 간다. 그리고 앞으로도 그럴 것이다. 그 사람들을 머릿속에 한 번 떠올려 보자. 해마다 심각해지는 취업난 때문에 취업 전 자신의 경제 생활권을 유지하기 위해 아르바이트를 시작하거나, 재학 중 부모의 경제적 부담을 덜어 주기 위해 아르바이트를 시작하는 경우가 많다. 가게를 운영하는 우리의 입장에서는 또 어떤가? 최저 임금이 상승함에 따라 선불리 직원들을 고용하기 쉽지 않은 상황이다. 이럴 때일수록 고용된 또는 고용할 직원 한 사람에 대한 기대치는 커질 수밖에 없다. 이런 상황에서 나는 그들에게 어떤 역할을 하는 사장일까? 물론 그들은 돈을 벌 기회가 필요했고, 우리는 그것을 제공했다. 그리고 무리 없는 가게 운영을 통해 수익을 창출하게 되면 나쁘지 않은 관계이다. 그러나 급여만 지급하는 사장이 운영하는 가게와, 급여 이외의 무엇인가를 제공하는 사장이 운영하는 가게는 분명 미묘한 차이가 발생한다. 여기서 중요한 것은 그 미묘한 차이를 고객 또한 느낀다는 것이다. 미묘한 차이의 간격을 줄이기 위해 지금 이 순간 직원들에게 필요한 질문, "당신은 지금 무슨 일을 하고 있습니까?"

앞서 언급한 사례의 사장이 처음 가게를 경영할 때는 직원들에게 듣기 불편한 소리를 많이 했다고 한다. 그것 때문에 뜻하지 않게 갈등이 발생했고, 근무 태도와 업무 능력이 우수한 직원이 사직하는 안타까운 경험을 겪었다고 한다. 이런 일들을 겪은 후 사장으로써 직원을 대하는 마음가짐이 얼마나 중요한지 깨닫게 되었다고 한다.

지금은 직원들에게 친절하게 대하라, 상세하게 설명해라 등등의 요구를 하지 않는다고 한다. 직원의 역할에서 담당해야 할 기본적인 역할들만 알려 줄 뿐이다. 그리고 그것을 자발적으로 할 수 있도록, '업무에 대한 가치'를 찾을 수 있도록 현재 무슨 일을 하고 있는지 한 번씩 질문을 해 본다고 한다. 덕분에 직원들은 자신의 역할에 더욱 몰입하며 자발적 성장을 하게 되었다고 한다. 직원의 이런 변화는 고객이 가장 먼저 느끼게 되는 법! 입소문을 타고 가게에 대한 평가도 긍정적으로 변했다고 한다.

서로가 기회를 주고받는 무미건조한 관계보다는 서로의 성장을 위해 함께 걷는 그 길에서, 가장 선두에 선 사장들이 '등대 역할'을 하는 자세가 필요하다. 직장의 직원들처럼 '프로' 의식을 가지라고 할 수는 없지만, 현재 자신의 역할이 단순히 아르바이트가 아닌 스스로의 가치를 표현하는 수단으로 생각될 수 있게 관점을 전환시켜 주자. 업무에 대한 역할의 의미를 부여하고 꿈을 꾸게 해 주자. 직원 각자가 가진 역량을 일깨워 주고, 최적의 동기를 부여해 주자. 그렇게 되면 역할의 가치를 깊이 깨닫게 되어 단순한 노동이 아닌 즐거움을 줄 수 있는 무엇인가로 생각하게 될 것이다. 직원들의 업무의 가치를 발견하게 하는 일이야말로 우리 모두를 지속시키는 힘의 중요한 원동력이 된다.

Leadership : 리더십

착한 리더보다는 존경받는 리더

3

01

마음을 두드리는 리더가 되어야 한다.

해마다 연말은 만남을 마무리하느라 몹시 바쁜 시기이다. 잊고 지냈던 사람들에게 연락을 하며 약속을 잡고 만난다. 바쁘게 움직이는 일상이지만, 일부러 시간을 만들어 만남의 자리를 가지는 이유는 그동안 소홀했던 관심을 표현하고 관계를 유지하기 위해서이다.

2018년 12월, 눈이 내려서 몹시 추웠던 저녁 어느 날, 우리의 모임 장소는 신도림에 있는 부대찌개집이었다. 사전 예약이 없었다면 한참을 기다려야 할 정도로 가게 안은 몹시 분주했다. 사장님 1명과 서빙 담당 직원 3명이 테이블을 주시하며 분주히 움직이고 있었다.

모임의 인원은 총 13명, 2/3가 여성이었다. 자리를 잡은 후 주문을 마쳤다. 그동안 하지 못했던 이야기를 나누던 중 테이블에 기본 반찬이 준비되었다. 그리고 사장님께서는 우리가 요청하기도 전에 인원수대로 앞치마와 여성의 인원수대로 헤어 고무줄(여성들이 긴 머리를 묶을 때 사용함)을 건네주셨다.

"조금 이따 음식 드실 때, 옷에 튈 수 있으니 앞치마 꼭 하시구요. 여성분들은 긴 머리를 이 고무줄로 묶고 드시면 더 맛있게 드실 수 있습니다."

조금 특별한 운영 매뉴얼을 가진 곳이라 생각하며 즐거운 모임 시간을 가졌다. 계산을 하고 나오며 사장님께 감사의 인사를 건넸다.

"음식은 맛있게 드셨어요?"

"네, 사장님. 앞치마와 미리 챙겨 주신 헤어 고무줄 덕분에 잘 먹었습니다. 그렇게 응대하도록 별도 운영 매뉴얼이 있나 봐요?"

"아니요, 저희는 운영 매뉴얼이라고 할 것까진 없습니다. 대신에 평소에 여성 고객님들이 음식을 드실 때, 관심 있게 보고 있으니 불편해하시는 것들이 보이더라고요. 그래서 미리 서비스하면 좋을 것 같아서 하게 되었습니다."

고객을 향한 '관심'의 차이가 서비스의 차이를 만들고, 가게에 대한 이미지의 차이도 만들게 된다. 그런 관점에서 이 사장님은 최소한 매장에서 계시는 시간을 허투루 보내지 않는 분이셨다. 자신의 가게에 방문한 고객들이 매장의 시설을 이용할 때 어떤 불편함이 있는지, 또는 본인이 어떤 부분을 더 채워야 하는지 '관심'을 가지고 관찰하시는 분임에 틀림없다. 그러니 이렇게 차별화된 서비스가 가능하게 된 것이다. '관심'이 만들어 낸 또 하나의 사례를 살펴보자.

1인 가정에게 '배달 어플리케이션'(이하 배달앱)은 아주 유용한 서비스이다. 2014년 '배달의 민족' 어플리케이션이 배달앱 시장을 주도하며 다양한 업체들이 진출했고, 그 규모는 급속도로 확산되었다. 더 이상 1인 가정을 위한 서비스가 아닌 전 국민이 편리하게 이용할 수 있는 서비스로 자리매김하게 되었다. 이제는 주말이면 한 번쯤은

터치하게 되는 어플리케이션이 되었다.

특별식이 생각났던 어느 주말, 배달앱을 열어 기호에 맞는 음식점을 찾아 주문을 했다. 40여 분이 지나자 음식이 도착했다. 그런데 다른 가게에서 볼 수 없는 독특한 물건이 들어 있었다. 숟가락, 젓가락을 포함해 동봉된 '배려팩'이었다. 이것에는 '1회용 앞치마, 머리 끈, 물티슈, 숟가락, 젓가락, 냅킨'이 포함되어 있었다.

통상적으로 '배달 음식'은 집이 아닌 외부에서 먹는 경우가 많다. 흰 옷을 입고 있는 고객이 있다면 옷에 음식물이 튀었을 때 대처할 복장이 없어서 난처할 것이다. 머리카락이 긴 여성은 음식을 먹을 때 머리 넘김 자국이 생길까 봐 귀 뒤로 머리카락을 넘기지 않는다. 그러면 긴 머리카락을 한 손으로 잡고 음식을 먹게 되는데, 여간 불편한 행동이 아닐 수 없다. 이 배려팩은 그런 고객들을 대상으로 어떤 것들이 필요할까 '관심'을 가지고 생각해서 만들어 낸 자신만의 특화된 서비스였던 것이다. 실제 배달앱의 후기를 보면 음식에 관한

칭찬뿐만 아니라 '배려팩'에 대한 감동의 메시지를 심심치 않게 볼 수 있었다.

출처 : 배달의 민족 애플리케이션

이처럼 '관심'은 상대에게 '특별함'이라는 감정을 느끼게 해서 마음을 움직이게 하고, 관계를 유지하는 것에 중요한 역할을 담당한다. 그런데 이런 '관심'을 표현하는 것은 고객과의 관계뿐만 아니라 가게를 유지하고 있는 직원들에게도 필요하다.

누군가에게 관심을 받는다는 것은 즐거운 일이다. 그래서 관심을 받는 사람은 기쁨을 느낄 수 있다. 인정받고 싶은 욕구가 충족되기 때문이다. 관심을 받는 직원들은 이런 '기쁨' 덕분에 가게에서 주어진 역할을 담당할 때 더욱 적극적인 행동을 표현하게 된다. 이렇게 되면 가게는 직원들에 의해 자연스럽게 돌아가게 되고, 생산성도 당연히 향상될 것이다. 가게 운영에 있어서 생각지도 못한 번뜩이는 아이디어를 직원들에게 제공받을 수도 있다.

메뉴에 대한 젊은이들의 시각을 파악할 수 있는 중요한 역할을 담당하기도 하며, 매장 내부를 왔다 갔다 하며 고객들의 이야기를 직접 듣고 전달하는 역할도 담당하게 된다. 그런데 이렇게 듣게 된 이야기, 들은 이야기에 대한 자신의 의견, 가게에 운영에 대한 번뜩이는 아이디어들을 사장에게 이야기할지 말지의 결정은 나와 사장과의 관계가 어떠한지에 달려 있다.

"우리 직원들은 뭘 물어봐도 딱히 관심도 없고,

대답은 해도 시큰둥하고 그래요."

이 글을 읽으며 이런 생각을 하는 사람도 있을 것이다. 실제 업무 현장을 다니며 봐 왔던 직원들도 그런 경우가 있었으며, 이런 이야기를 하는 대표자가 있었다. 그러나 나는 그 이야기를 들을 때마다 그곳의 현장 분위기를 떠올린다. 사장인 대표자는 직원들에게 얼마나 관심이 있을까?

부장, 이사 직급을 대상으로 리더십 교육을 하게 되면 가장 먼저 이런 질문을 한다.

"부하 직원들에 대해서 얼마나 관심을 가지고 계세요?"

자신 있게 말씀하시는 분들도, 머뭇거리시는 분들도 계신다. 세상에서 이야기하는 수많은 리더십을 직원들에게 발휘하는 것도 중요하지만, 그것에 직원들이 잘 따라올 수 있도록 만드는 것은 리더로서 사장이 직원에게 보여 주는 '관심'이 중요하다.

2018년 12월, '대표자 리더십' 교육에서 만난 어느 사장의 이야기가 참 인상 깊다.

"저희 가게에는 나이가 어린 직원들도 있지만, 중년의 직원들도 있어요. 연령대별로 조금 다르긴 하지만 사장이 관심을 표현한답시고 이런저런 대화를 시도하면 다들 부담스러워 해요. 그래서 어린 직원들과는 RPG 게임 같은 것을 한 번씩 하면서 그 세대에 대한 관심을 표현하니 자연스럽게 이런저런 이야기들을 많이 나누게 되더라고요. 중년의 직원들과는 해마다 다 같이 모여서 김장을 해요. 크고 힘든 일을 같이 하다 보면 서로 관계도 돈독해지고 대화의 기회가 생겨서 관심을 가지게 되더라고요. 직원들에게 관심을 표현하니깐 운영하고자 하는 방향으로 잘 따라와 주고, 스스로 알아서들 잘해줘서 오히려 제가 더 고맙더라고요."

리더십을 발휘해서 직원들을 이끌려고 하기 전에, '관심'으로 상대방의 마음을 두드려라. 그러면 직원들은 자연스럽게 따르게 될 것이다. 하나된 마음으로 같은 방향으로 나아갈 때, 우리 가게의 힘을 더욱 단단히 만들 수 있다.

02

마음을 움직이는 리더가 되어라!

대인 관계에서 호감을 표현할 때 가장 많이 쓰는 방법이 '칭찬'이다. 간단한 몇 마디의 말이지만, 그 효과는 상상 이상이다. 누군가에게 칭찬을 받으면 '자신의 가치를 인정받았다'라는 생각 때문에 자존감이 높아져서 개인이 가진 역량을 효과적으로 상승시킬 수 있기 때문이다. 이런 효과를 가진 칭찬과 우리는 얼마나 친숙할까?

7년 전, 강의 내용 중 하나가 '칭찬'이었다. 조직의 특성상 입사 후 퇴사할 때까지 같은 장소에서 같은 사람들과 근무하는 교육생들에게 관계 개선을 위한 자극이 필요했기 때문이었다.

"자, 오늘은 서로 칭찬 릴레이를 해 볼까 합니다."

라는 말과 함께 몇 가지 필요 사항을 안내했다.

"칭찬을 하실 분과 받으실 분은 서로 얼굴을 마주 보셔야 하고, 칭찬은 받으시면 감사의 표현을 한 후 옆에 앉은 다른 동료를 칭찬하시면 됩니다."

이렇게 전 직원이 돌아가면서 한 번씩 서로를 칭찬하도록 했다. 처음 교육을 설계할 때, 교육생들이 부담스러워 하시면 어쩌나 고민을 많이 했었다. 그런데 그런 걱정과 달리 교육에서는 웃음이 끊이지 않았다. 서로의 얼굴을 마주 보는 것이 괜히 부끄러웠기 때문에, '칭찬'을 듣는 것이 괜히 겸연쩍었기 때문이었다.

이 교육은 총 64차수로 진행되었다. 직원들이 깔깔 웃으며 서로를 칭찬하는 모습에 함께 웃기도 했고, 평소 알지 못했던 직원들의 모습을 알게 되어 흥미 있기도 했다. 그런데 마음 한편으로는 알 수 없는 아쉬움이 밀려왔다. 칭찬을 주고받기는 하지만 무언가 빠진 듯한 느낌이 들었다. 그게 무엇일까?

몇 차수의 교육이 끝나고 보니 칭찬의 패턴이 비슷하다는 것을 알게 됐다. 조금의 변화가 필요할 듯싶어 또 다른 규칙을 추가했다.

"칭찬하실 때, 상대의 외모, 옷차림, 밥을 잘 사 준다 등등에 대한 내용은 제외하시고 오로지 동료가 가진 장점에 대해서만 이야기해 주세요."

그러자 분위기는 반전되었다. 어떤 말을 해야 할지 몰라 망설이거나 민망함에 상대의 얼굴을 바라보는 시간이 줄어들었다. 분위기는 조금씩 무거워졌고, 칭찬 릴레이를 완료하는 시간은 이전보다 두 배에 가까운 시간이 소요되었다.

칭찬을 하라고 하니, 분명 무언가를 이야기하기는 한다. 그런데, 그 '칭찬'이라는 것이 상대방의 가치를 빛나게 해 주는 것이 아니라 나에게 잘해 주는 것, 또는 누구나 한 번쯤은 할 수 있는 아주 평범한 내용이었다. 그래서 그 칭찬에는 아쉬움이 있었고, 뭔가 빠진 듯한 허전함이 있었다.

물론, 그런 내용들이 칭찬의 범위에 포함되지 않는다는 말은 아니다. 단지 너무 평범하고 일반적인 내용들이기 때문에 상대의 가치를 인정하고 높이기에는 많이 부족하다. 그런데 왜 우리는 이런 내용을 칭찬이라고 생각할까? 칭찬을 받아 본 경험이, 칭찬을 해 본 경험이 적기 때문이다. 그만큼 우리 사회가 칭찬에 많이 인색하다는 의미이다. 칭찬이라는 것은 그것을 통해 상대의 가치를 인정해 주고 발전시키는 것에 도움이 되어야 한다. 어떻게 해야 효과가 있을까?

진정성을 담은 칭찬을 하라

칭찬 릴레이를 시작하면 직원들의 반응이 참 흥미롭다. 첫 번째 순서가 된 사람은 얼굴이 사색이 된다. 그리고는 도움을 요청하는 느낌을 듬뿍 담은 눈빛으로 나를 본다. 아무런 대꾸 없이 직원의 얼굴을 가만히 보고 있으면, 잠시 뒤 이런 칭찬을 한다.

"대리님은 밥을 잘 사 줘요."

"과장님은 착해요."

"차장님은 옷을 잘 입어요."

이렇게 시작되면 나머지 순서의 사람들은 같은 내용을 반복해서 이야기하거나, 앞서 이야기한 내용 몇 가지를 조금씩 섞어 칭찬을 한다. 칭찬이 끝난 후 상대방의 반응을 주의 깊게 살펴보았다.

"내가 밥을 잘 사 줬다고? 우리가 같이 식사한 적이 있었던가?"

"아니야. 최 대리, 지난번에 거래처랑 통화하면서 화내는 것 못 봤어?"

"우리 아내가 매일 아침 골라 줘. 난 패션에는 특별한 감각이 없는데?"

칭찬이라고 해서 잔뜩 기대를 한 듯했다. 그러나 생각지도 않은 범위가 아닌, 자신과 전혀 상관없는 이야기를 하고 있으니 듣는 사람은 당황스러워했다. 처음 이 교육을 계획한 의도는 동료의 시각을 통해 평소 몰랐던 자신의 모습을 발견하거나, 그런 모습을 발견해 주는 동료와의 관계를 다시 한 번 생각하게 하는 것이었다. 하지만 대부분의 직원들이 동료에게 건네는 칭찬의 말에는 상대를 향한 정확성이 없기 때문에 그 목적을 이루기엔 무리가 있었다.

자신과 전혀 상관이 없는, 공허한 내용을 칭찬으로 듣는다면 어떤 기분이 들까? 기분이 상하거나 서운한 감정이 들 것이다. 어쩌면 그런 칭찬을 하는 사람에게 불쾌한 감정을 가지게 될 수도 있다.

칭찬은 상대방을 향한 정확성을 가진 내용이 주기적으로, 자주 반복되었을 때 그 사람의 가치를 높일 수 있다. 그렇게 하기 위해서는 칭찬을 할 사람에게 집중해서 그 사람만이 가진 장점을 찾아야 한다. 그런 진정성 있는 칭찬의 말을 건넨다면 그 사람이 가진 가치를 더욱 빛나게 만들 수 있다.

칭찬은 공개적으로 하라

사람들은 사회생활을 하며 다양한 욕구를 가지고 산다. 이것은 위계를 지어 구분할 수 있다. 기본적으로 하위 욕구가 충족이 되어야 그다음 욕구가 충족될 수 있다고 한다(매슬로우의 욕구 5단계, 그림 참조). 그림을 기준으로 상위에 있는 두 가지, 자아실현의 욕구와 존경의 욕구를 사회적 욕구로 분류하고 있다. 즉 타인과의 관계 형성을 통해 얻을 수 있는 욕구로 분류된다. 이것은 사회에서 관계를 통해 스스로 느낄 수도 있고, 구성원들의 상호 작용을 통해서도 느낄 수 있다. '칭찬'을 통해서 사회적 욕구를 어떻게 충족시켜 줄 수 있을까?

출처 : 매슬로우의 욕구 5단계

학창 시절에 또는 직장 생활을 하며 좋은 성과를 만들어 내거나 타인에게 모범이 되는 행동을 했을 때, 많은 사람들 앞에서 박수를 받거나, 박수를 쳤던 경험이 한 번쯤은 있을 것이다. 굳이 많은 사람들 앞에서 성과를 칭찬하는 이유는 뭘까? 물론 동료들에게 좋은 본보기를 삼기 위한 목적도 있다. 그러나 그것 못지않게 중요한 것은 성과를 낸 당사자에게 사회적 욕구를 충족시켜 줌으로써 스스로 더욱 성장할 수 있는 동기를 부여하는 것이다.

"OOO 씨는 손님 대할 때 표정이 밝은 것이 장점이야."

"OOO 씨는 자신감 있는 행동이 참 보기 좋더라고."

상대의 장점을 찾아 칭찬하는 것은 중요하다. 그러나 그것의 효과를 증가시키기 위해서는 올바른 방법으로 하는 것이 중요하다. 1 대 1 칭찬의 방법도 좋겠지만, 공개적으로 칭찬을 한다면 성취감, 자기존중은 더욱 극대화될 것이다. 그것을 통해 가게 내에서 맡은 자신의 역할에 더욱 충실하며 더 많은 성장을 할 수 있게 된다.

결과보다는 과정을 칭찬하라

20대 초반, 아르바이트를 하던 곳에서 참 재미있는 아이 한 명을 만난 적이 있다. 어린 나이였지만 늘 활기차고 열정적인 모습 덕분에 옆에만 있어도 기분이 좋아지는 그런 사람이었다. 나보다 늦게 들어온 탓에 그 친구의 업무 지도는 늘 나의 몫이었다. 업무의 비중이 가장 작은 것에서부터 차츰 늘려 가며 이런저런 것들을 해 볼 수 있게 미션을 전달했다. 비교적 빠른 속도로 완벽하게 미션을 수행한 후, 나에게 늘 하는 말이 있었다.

"선배, 저 잘했죠? 저 칭찬해 주세요~"

"오~ 잘했는데~?"

애교 섞인 행동이 귀여워서 아낌없이 칭찬했다.

하루는 미션의 난이도를 조금 높여 보았다. 성취감도 중요하지만 한 번쯤 실패를 통해 배우는 것도 중요하다고 생각했기 때문이다. 미션을 해결하기 위해 허둥지둥 몹시 분주했다. 나를 포함한 매니저, 점장은 그 아이가 스스로 해결할 수 있는 능력을 키우고 싶어 멀리서 관찰만 하고 있었다. 그러다가 주문이 너무 많이 밀려 고객들의 대기 시간이 길어질 것 같은 상황에 닥쳤다. 미션 수행보다는 고객 응대가 우선이라 점장 이하 나머지 직원들이 투입되어 미션을 도왔다.

상황이 종료 된 후 그 아이는 나에게 와서 이런저런 이야기를 늘어 놓았다.

"어휴 선배, 너무 정신없었어요. 이거 해결하면 또 주문 들어오고 그거 해결하면 또 다른 일이 생기고.... 그래도 저 나름 잘하지 않았어요?"

"뭐래.... 까딱 잘못하면 컴플레인 생길 뻔 했어~"

하하 호호 웃으며 그날 있었던 일에 대해 이야기하며 대화는 마무리되었다.

그 일이 있고 꽤 오랜 시간이 지난 어느 날, 그 아이와 차 한 잔을 하는데 불쑥 이런 이야기를 꺼냈었다.

"선배, 저 사실 그날 칭찬받고 싶었어요. 물론 모두가 원하는 결과물을 만들지는 못했지만 처음보다는 발전된 모습이 분명히 있었을 거예요. 결과물보다는 변화나 노력의 모습을 칭찬해 주셨다면 지금보다는 더 빨리 성장할 수 있었을 것 같아요."

선배로서 성숙하지 못한 내 모습이 부끄러워 얼굴이 달아올랐다.

우리가 살고 있는 사회는 최종 결과물을 중요하게 생각한다. 그러나 결과물에는 늘 변수가 존재한다. 각자의 경험에 따라 변수를 계산하고 움직이는 경우도 있기는 하지만 종종 예상외의 변수가 발생해서 우리의 노력을 아쉬움으로 만들어 버린다.

사람과 사람이 만나 무형의 '만족'이라는 것을 창출하는 우리의 가게 현장에는 다른 직군들보다 더 많고 다양한 변수들이 존재하게 된다. 이런 상황에서 직원들이 잘한 것은 아낌없이 칭찬해야 한다. 그리고 놓치지 말아야 할 것! '아쉬움으로 남는 노력'이다. 정답만이 옳다고 인정하는 것보다는 개인의 노력과 과정에 집중해서 그것을 칭찬할 때 칭찬의 효과는 더욱 극대화된다.

앞서 언급된 칭찬 릴레이의 아쉬움은 칭찬을 해 본 적도, 들어 본 적도 없으니 의미 없는 공허한 말을 칭찬으로 전달했기 때문이다. 그러나 칭찬에는 진정성을 담아야 하고, 성취감 및 자존감을 높여줘야 하고, 결과보다는 노력에 집중하는 것이 필요하다. 이런 의미 있는 칭찬의 말들이 상대의 마음에 차곡차곡 쌓이게 된다면 그 사람이 가진 가치는 더욱 빛날 것이며, 마음을 움직이게 해서 자신의 역할에 더욱 집중할 수 있게 된다. 이것이 우리 가게를 더욱 탄탄히 만들 수 있는 비결이 된다.

존중을 표현하는 리더가 되어야 한다.

뉴스를 보던 중 우연히 눈길을 끄는 헤드라인이 있었다. '이유 있는 돌직구 경고문' 흥미로운 문장에 호기심이 발동해서 클릭 후 기사를 쭉 읽어 내려갔다.

반말에는 반말이 약

김 모(43) 씨가 운영하는 전남 여수의 안내문

"작년 여름 손님이 아르바이트생한테 '학생아, 이거 가지고 와라,

저거 가지고 와라' 이런 식으로 말을 하기에 '저희 직원들한테 반말 하지 말아 주세요'라고 했다. 그런데도 반말을 계속해서 그 손님한테 '네가 갖다 먹어'라고 말했다."

전남 여수에서 주점을 운영하는 김 모(43) 씨의 '갑질 퇴치 무용담'이다.

직원 괴롭히지 마시고 사장한테 직접 말하세요.

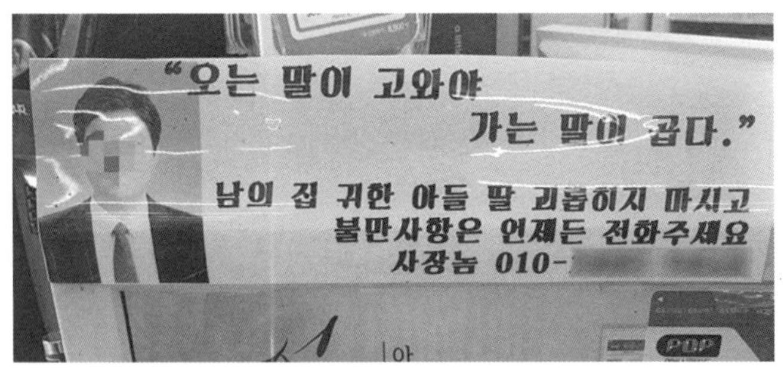

오 모(32) 씨가 운영하는 서울 동대문구 편의점 계산대 안내문

동대문구의 한 편의점 계산대에는 점주의 사진과 함께 전화번호가 적힌 안내문이 붙어 있다. 안내문엔 '남의 집 귀한 아들 딸 괴롭히지 마시고 불만사항은 언제든 전화 주세요'라고 쓰여 있다. 일부 손님의 시비와 폭언, 심지어 성폭력적 발언으로부터 직원을 보호하기 위한 점주 오 모(32) 씨의 아이디어다. 오씨는 "책임자가 누군지 당당하게 밝힘으로써 직원과 손님 사이의 불필요한 감정 다툼을 방지하고 싶었다"라고 말했다. 이 편의점 역시 안내문을 붙인 후부터 진상 손님이 눈에 띄게 줄었다(출처 : 한국일보 2019년 1월 18일 [뷰엔]

"네가 갖다 먹어!" 갑질에 맞서는 사장님의 자세).

직원들을 갑질 손님으로부터 보호하고자 하는 사장들의 재치 있는 노력에 박수가 절로 나오는 기사였다. 그러나 이런 재치 있는 노력의 뒷면에는 속상한 현실이 숨어 있었다. 기사에 따르면 2018년 10월 감정노동자보호법이 개정됐지만, 노동자에 대한 '사업주의 보호 의무 강화'에 초점이 맞춰져 있기 때문에 사업자의 역할은 더욱 무거워지게 되었다. 결국 저런 재치 있는 노력은 직원들도 보호하고 손님도 잃지 않으려는 사업주의 눈물 어린 노력인 것이었다. 그런데 이 기사를 보면서 한 가지 의문점이 들었다. 직원들이 '언어 불편'을 느끼는 대상자는 비단 고객뿐일까?

최근 방영되고 있는 프로그램 중 기업인이자 요리 연구가 B씨가 지역의 식당을 다니며 메뉴 및 식당 운영 전반에 대한 솔루션을 제공하는 프로그램이 있다. 이 중에서 대전 지역의 청년구단 음식점이 위치한 곳에서 메뉴에 대한 전반적인 해결책을 진행하는 모습이 방영되었다.

상황 1. 회덮밥집의 메뉴 1차 해결책

사업가 : 본인은 자신이 만든 메뉴가 다른 가게들보다 경쟁력이 있다고 생각하세요?

사장 : 네 그렇습니다. 오래 해 왔고, 이 분야에 대해서도 잘 알고 있으니까요.

사업가 : 사장님, 초장은 만들어서 쓰세요?

사장 : .....

사업가 : 시판용 초장 쓰죠? 야채며 뭐며 시중에 있을 법한 재료 구매해서 음식 만드는 게 무슨 차별성이에요? 이 음식에서 기껏해야 사장님이 직접한 건 회 손질 말고는 뭐가 있어요??

이렇게 1차 해결책이 끝났다. 그리고 사장님은 2차 해결책을 앞두고 주변 동료 상인들에 이런 이야기했다.

"당하고 있을 수 없지. 아니다 싶으면 화를 내서라도 이야기해야지."

상황 2. 막걸리집의 메뉴 2차 해결책

사업가 : 고민 좀 해 봤어요?

사장 : 막걸리를 빚을 때 쓰는 물에 대해서 처음 고민을 해 봤는데요....

사업가 : (사장의 말을 끊으며) 물은 상관없다면서요? 누룩이 문제라면서요?

사장 : 1차 해결책 때 대표님 말씀을 듣고, 좋은 물을 길러 와서 만들어 비교해 보고 싶었어요.

사업가 : 그게 성격이야?

사장 : (당황스러운 표정을 짓는다.)

사업가 : 첫날에는 막걸리에 대한 해결책 안 받겠다 하시고, 그러고는 나중에 막걸리에 사용되는 물에 대해서 이야기하니, 아니라고 누룩이라 고집하시고.

평소 즐겨 보는 프로그램 중 하나였지만, 이 회차의 방송은 보는 내내 줄타기를 하듯 아슬아슬한 감정을 감출 수 없었다. 한편으로는 불편한 마음 또한 감출 수 없었다. '하아.... 피드백은 저렇게 하는 게 아닌데....'

물론 방송을 위해 연출된 콘셉트라 말할 수도 있고, 저런 말투의 방식이 본래 B씨가 가진 특성이라 말할 수도 있다. 그런데 우리가 사람들과 이야기할 때 '난 원래 이러니 불편하면 듣지 마'라고 말할 수는 없는 노릇이다. 그러다간 주변에 남은 사람은 한 명도 없을 테니 말이다. 간혹 막강한 실력을 갖춘 사람은 다소 공격적인 말투를 사용해도 워낙 능력이 훌륭하니 그럴 수 있다고 생각하는 사람들도 더러 있다. 그런 생각은 아주 오래전에 '명인'이라 불리던 사람들이 제자들에게 기술을 전수하던 상황에서나 가능한 일이었다. 지금은 시대가 바뀌고 사람들의 교육 수준, 의식 수준도 많이 향상되었다. 그때와 지금의 피드백 방식은 분명히 달라야 한다.

자영업을 시작할 때는 섣불리 나서지 않는다. 관련 분야에 대한 연구, 상권 분석, 노하우를 갖추기 위한 다년간의 배움, 내 것으로 만들기 위한 연구 등을 축적한 뒤 자영업의 시장으로 뛰어들게 된다. 그러면서 자신이 선택하고 가는 길이 맞는 것인지 누군가에게 확인을 받고 싶은 마음이 생긴다. 한편으로는 그동안의 노고에 대한 인정을 받고 싶은 마음도 있다. 그런데 방송에서와 같은 방식으로 이야기를 듣는다면, 지나온 길에 대한 모든 노력이 부정되는 느낌을 받게 될 것이다. 그렇다면 아무리 좋은 이야기라도 쉽사리 받아들이지 못하게 된다. 잘한 부분에 대한 인정과 고쳐야 할 부분에 대한 지적이 병행되었다면 그 사업가가 제공한 해결책은 더욱 가치가 있었을 것이다.

이와 비슷한 대화의 상황은 우리 가게에서도 종종 나타난다. 가게 내에서 직원 각자의 역할과 업무에 대해 피드백을 할 때이다. 이 때 한 가지 생각해 봐야 할 것이 있다. 피드백을 하는 궁극적인 목적이 무엇인가?

무조건 못한다고 지적만 하는 이야기를 듣고 싶어 하는 사람은 없다. 업무 현장을 다니며 좋은 성과를 내는 사업장은 그렇지 않은 곳과 비교했을 때 업무에 대해 피드백의 방식이 달랐다. 50세가 넘은 한 사장이 이런 이야기를 한 적이 있다.

"강사님, 지금 직원들 세대는 우리가 자랄 때와는 많이 달라요. 목표를 향해 가자고 해서 무조건 같이 가는 세대는 아니에요. 각자 자신이 중요한 세대죠. 그래서 업무에 대해서 이야기할 때도 잘못한 것만 지적하면 직원들이 듣기 싫어하고 업무에 대해서 마음도 못 붙이고 그러더라고요. 누구나 다 칭찬받고 싶어 하잖아요? 잘한 건 잘했다 칭찬해 주고, 좀 부족한 부분에 대해서 이야기할 때는 노력한 부분에 대한 인정을 먼저 하고 나중에 지적할 부분을 말하면 곧 잘 수용하더라고요."

이 분은 자신의 가게에서 일하는 직원들을 관리하는 비결을 위와 같이 이야기했다. 저런 이야기를 할 수 있기까지는 직원들의 잦은 퇴사 때문에 가게 운영에 어려움을 겪은 적도 많았다고 한다. 그러나 뒤돌아 생각해 보니 결국 말 한마디 때문에 좋은 직원도 잃고 가게 운영에 어려움도 겪게 되었다는 것을 알게 되었다고 한다.

존중의 표현을 사용하는 것이 중요하다. 깨어 있는 시간의 1/3 이상을 보내는 곳이 '직업(아르바이트)'의 공간이다. 이곳에서 즐거움을 줄 수 있는 요소는 언어이다. 직원들이 가진 능력을 잘 발휘해서 가게 운영에 도움이 되게 하고 싶다면 존중의 표현하는 리더십으로 우리 가게의 힘을 더욱 강하게 만들어야 한다.

04

속도를 맞추는 리더가 되어야 한다.

강의를 하며 가장 보람 있는 일을 꼽으라고 한다면, 크든 작든 현장에서 나타나는 변화를 보는 것이다. 그런데 그 변화라는 것이 빠르게 나타날 때도 있지만, 아주 느리게 나타나는 경우도 있다. 매출에 대한 변화는 수익을 창출하는 것이기 때문에 비용 대비 생산성 등 기타 여러 관련 요소들을 고려해서 계산하면 즉각적인 결과물을 만들어 낼 수 있다. 그러나 사람의 마음이나 행동에 대한 변화는 계산대로 딱딱 들어맞는 결과물이 나오지는 않는다. 유형의 결과물 보다는 무형의 결과물을 만들어 내는 속도가 훨씬 느리기 때문에 조바심이 나는 경우가 있고, 그것 때문에 결과를 그르치는 경우가 발생하기도 한다.

직장인들의 소소한 애환의 이야기가 담긴 N포털 카페에 올라온 직장인 D씨의 이야기를 통해 무형의 결과물에 대한 이야기를 잠시 살펴보자.

대학 졸업 2년 만에 드디어!! 자랑스러운 사회인이 되었다. 당찬

포부를 가지고 출근한 첫날, 직속 상사 A씨를 만나 업무 OJT(on the job training : 기업 내 종업원 교육 훈련 방법)를 종료한 후 본격적인 업무에 참여하게 되었다.

입사 6개월이 지난 어느 날, 프로젝트 계약을 앞두고 고객사에서 공개 입찰 프레젠테이션이라는 것이 예정되어 있다고 한다. 처음 있는 일이라 어떻게 진행되는지 감이 잡히지는 않았으나 전반적인 팀 분위기를 봤을 때, 꽤 중대한 일임에는 틀림없었다. 함께 입사한 동기 B는 자료 조사를, 또 다른 팀원은 발표 자료 제작을, 그리고 나는 상사 A씨와 함께 발표를 맡게 되었다. 신입 사원인 나에게 발표라니.... 긴장되었지만 든든한 상사를 믿고 열심히 따라가 보기로 마음먹었다.

사전 작업이 모두 완료 된 후, 발표 준비만이 남았다. 어떤 내용을 전달할 때 발표 자료 화면은 어떤 내용이 있어야 하는지, 이 내용은 전달할 때의 시선과 표정은 어때야 하는지, 중요한 포인트 내용을 전달할 때 어조와 어투는 어떻게 해야 하는지 등 상사는 꼼꼼히 알려 주었다. 꽤 많은 양의 발표 자료와 생소해서 좀처럼 외워지지 않는 비즈니즈 용어들 그리고 어색하지 않게 표현해야 하는 제스처 등 준비해야 할 것이 너무 많았다. 스스로 만족할 만큼의 발표 실력이 완성되지 않았지만, 내가 가진 능력에서 최대치를 발휘하기 위해 열심히 연습하고 노력했다. 이렇게 정신없이 준비하던 어느 날, 중간 점검을 위한 예행 연습 날짜가 정해졌다.

예행 연습 첫날, 몹시 긴장되는 마음으로 발표 자리에 섰다. 그런데 이게 웬일인가!! 긴장한 탓인지 그렇게 외웠던 내용들도 생각나지 않고, 화면과 발표 내용도 맞지 않을 때가 많았다. 발표하던 중 상사 A씨와 눈이 마주쳤다. 한심한 듯 바라보는 A씨의 눈빛은 가뜩이나 긴장한 나를 더욱 정신없게 만들었다.

그날의 시간이 어떻게 지났는지 모르겠다. 상사 A씨와 나는 단둘이 회의실에 남았다. 상사는 나를 큰소리로 나무라기 시작했다.

“D씨, 사회생활이 장난은 아니잖아요? 이번 프로젝트 잘해야 한다고 몇 번을 이야기해요?”

“사실.... 저 며칠째 밤새워서 연습했어요. 그런데... 숙지해야 할 양도 많고, 내용이나 용어도 아직 저에겐 생소하고 그래서... 생각보다 결과물이 잘 안 나오네요.... 죄송합니다.”

“저도 신입 사원 시절에 D씨처럼 밤새워 했었어요. 그렇지만 결과물은 훨씬 좋았다고요. 이 정도의 업무로 횡설수설한다거나, 노력에 비해 결과물이 안 나온다면 적성에 안 맞는 것 아니겠어요? 지금이라도 늦지 않았으니 다른 팀으로 가시든지, 다른 회사를 알아보시는 것이 서로에게 좋겠네요.”

몇 년이 지난 일이지만, 그날의 일을 떠올리면 속상한 나머지 창피한 줄도 모르고 왈칵 눈물이 났던 기억만 떠오른다. 그날 이후 결전의 날까지는 나에게 지옥과도 같은 시간이었다. 그리고 결전의 날 프레젠테이션에서는 팀 측면에서도, 나 자신에게도 만족한 만큼의 결과물을 만들어 내지 못했다. 지금은 그 상사와 좋은 관계로 지내고 있지만, 퇴근 후 한 번씩 술잔을 기울일 때마다 그때를 떠올리며 이런 이야기를 한다.

“선배님, 그때 쓴소리보다는 한 박자 쉬고 기다려 주셨다면, 더 많은 결과물을 보여 드릴 수 있었을 거예요."

어떤 조직이 되었든 조직은 성과를 내야 한다. 회사에 소속된 팀의 성과는 프로젝트에 대한 우수한 결과물을 만들어 내야 하는 것이고, 가게는 운영의 수익을 내야 하는 것이다. 일반적으로 '성과'에 대한 무게는 조직 내에서의 위치에 따라 다르다고 생각한다. 그러나 이 말은 조금 깊게 생각해 볼 필요가 있다. '성과 완성의 무게'와 '성과 실행의 무게'는 별개의 것으로 생각해야 한다. '성과 실행의 무게'는 조직 내 위치가 높을수록 크다. 그러나 '성과 완성의 무게'는 모든 조직원들에게 동일하게 있다. 그러나 대부분의 상급자(또는 관리자)들은 이 두 가지를 구별하지 않는다. '성과 실행의 무게'를 '성과 완성의 무게'에 대입해서 생각하기 때문에 자신의 속도에만 집중한다. 그 마음은 결국 구성원들에게 '조바심'이라는 것으로 표현된다. 위 사례에서처럼 '조바심'이라는 것은 안타깝게도 성과의 완성도를 떨어뜨리거나 심하면 조직의 생사를 결정하게 되기도 한다.

2013년 어느 날, 우연히 만난 어느 대표자는 이 두 가지의 차이를 잘 구별해서 조직을 운영하고 있었다.

처음 그곳을 방문했을 때는 고객의 입장이었다. 접수처에 계시는 여직원분이 건네는 따뜻하고 다정한 말씨에 마음이 흔들렸고, 직원들의 꼼꼼하고 믿음직스러운 업무 해결 능력에 감동을 받았었다. 늘 그곳을 방문하면 좋은 서비스를 받을 수 있을 것 같은 기대감이 생긴다. 그 후로 2년의 시간이 지난 뒤, 업무 현장을 담당하는 강사로 방문하게 되었다.

교육이 끝나고 대표자와 이런저런 이야기를 나누던 중, 직원 한 명에 대한 이야기를 했다.

"이번에 새로 온 직원이 있는데, 고객 응대할 때 조금 부족한 부분이 있어요. 관찰하셨다가 업무 코칭 좀 부탁드릴게요."

대표자가 말한 직원의 업무 모습을 가만히 지켜보니 몇 가지의 보완해야 할 점이 보였다. 그 직원을 따로 불러 간단한 진단을 통해 보완해야 할 업무 역량을 알아보고, 보완 방법들을 전달했다.

이후로 8개월 정도가 지난 후, 다시 찾아가서 관찰을 해 보니 이전보다 훨씬 좋아진 태도로 고객을 응대하고 있었다.

"대표님, 지난번에 말씀하신 그 직원, 많이 좋아진 것 같은데요?"

"조금 좋아지긴 했지만 제 기대에는 아직 부족해요. 물론 저 직원이 노력을 하지 않는 것은 아니지만 내 마음 같아서는 조금 빨리 변했으면 싶은데, 본인은 또 그게 잘 안 되는 모양이더라고요. 안타깝기도 하고, 답답하기도 하지만, 그 마음을 표현하면 오히려 역효과가 나타날 것 같기도 하고요. 노력하는 모습 보면서 묵묵히 기다리고 있어요. 자신의 속도에 맞춰 올라갈 수 있도록 제 속도를 늦추는 것, 그것이 제가 할 수 있는 역할이 아니겠어요?"

대표자의 입장에서는 가게의 운영과 고객 응대를 별개로 생각할 수 없기 때문에 직원들의 업무 습득 속도에 조바심이 나는 것은 당연한 일이다. 그 직원이 아르바이트생인 경우, 근무 기간과 고용의 특성을 생각한다면 더욱 조바심이 나게 마련이다. 현장에서 내가 만났던 대표자도 그런 마음을 조심스럽게 표현했다. 그럼에도 불구하고 그 대표님은, 업무를 수행할 때 개인이 가진 가치를 발굴하는 것이 중요하기 때문에 직원에게 기회를 주고 싶다고 하셨다. 다행히 다른 직원들이 그 직원의 부족함을 보완할 수 있도록 서로 챙기고 보살피는 역할을 잘 수행하고 있었다. 물론 지금은 그 직원이 현장에 잘 적응했다는 이야기를 전해 들었다.

사람에 따라 배움과 익힘의 속도는 다르다. 이런 직원들을 본다면 대표자로써 할 수 있는 일은 '한 박자 쉬어 가는 미학'을 보여 주는 것이다. 그렇다고 가게 운영에 손해를 보면서까지 무작정 기다릴 수는 없다. 조직의 지도자로써 이끌고 가는 것도 중요하지만, 느린 걸음으로 걷더라도 함께하고자 힘쓰는 사람들이 있다면 돌아보고, 속도를 맞추는 것 또한 중요한 일이다. 가게의 원활한 운영과 서비스를 이용하는 고객들의 편의를 위해 직원들의 자발적 보완 역할이 필요하다. 대표자로써 우리는 '조바심'을 버리고 구성원들의 자발적 보완이 잘 이루어질 수 있도록 '융합'과 '기다림'의 역할을 하는 것이 중요하다.

05

위기에서 빛나는 능력을 보여 주는 리더십이 있어야 한다.

"하지 마 진짜!! 내가 이야기했잖아!!
언니랑 같이 안 한다고 내가 이야기했잖아!!"

2015년 11월, 우리의 마음을 울렸던 드라마 '응답하라 1988'의 첫 방송에서 둘째 덕선이의 서러움이 폭발하는 장면의 대사이다. 첫째인 언니 때문에 늘 소외되는 것 같은 느낌을 가진 덕선이는, 언니의 생일 날짜에 맞춰 자신을 생일까지 함께 축하하는 자리에서 서러움이 폭발하고 말았다. 잠시 뒤 이어진 장면에서는 속상한 둘째 딸을 달래기 위한 아버지 성동일 씨의 이야기가 펼쳐진다. 그의 대사 중 시청자들의 마음을 먹먹하게 만드는 한마디가 있었다.

"아빠도 아빠가 처음이자네...."

처음 살아보는 세상에서 우리의 모든 역할을 '처음'이다. 처음부터 부모가 아닌 것처럼 사장도 처음부터 사장은 아니기 때문에 다양한 변수의 상황에서 어떻게 해야 할지 갈피를 못 잡는 경우가 있다. 그 중에서 '위기' 상황에 놓인 직원에게 어떻게 해야 할지 고민하는 사람들이 적지 않게 있다.

아르바이트생들이 아무리 '갑질 타도'를 외쳐 본들, 손님이 소리치면 당장 손익의 피해가 가기 때문에 사장들은 손님 편을 드는 경우가 많다. 도리어 억울한 아르바이트생의 태도를 지적하는 사장도 있는 가운데, 여기 한 사장의 마음 씀씀이가 공개돼 미소를 자아낸다.

2018년 5월 10월, 한 온라인 커뮤니티에는 '아르바이트 하다가 울었다'라는 제목의 사연이 올라왔다. 편의점에서 아르바이트를 하고 있다는 여성 A씨는 한 남성 손님에게 억울한 갑질을 당해야 했다.

담배를 산 남성은 구매해야 하는 라이터를 "그냥 한 번 쓰게 해 달라"라며 행패를 부렸다. 심지어 돈을 지불하라는 A씨의 말에 손님은 700원짜리 라이터를 집어 든 뒤 600원을 계산대에 던지기까지 했다. 부족한 100원을 채워야 하는 건 고스란히 아르바이트생 A씨의 몫이었다. A씨가 100원을 달라고 하자 손님은 "사과를 하라"라며 더욱 큰소리로 행패를 부렸고, 두려움까지 느낀 그녀는 결국 "죄송합니다"라고 말하며 고개를 숙여야 했다. 잘못한 것 없이 손님의 갑질을 견뎌야 했던 A씨는 서러움의 눈물을 흘렸다.

그녀는 점장인 사장에게 전화해 "무섭다"라고 토로했다. 그러자 사장은 곧바로 편의점으로 달려왔다. 사장의 손에는 예쁘게 포장된 마카롱 한 세트가 들려 있었다. 무섭고 서러웠을 A씨에게 마카롱을 건네며 그는 "고생 많이 했다. 이런 일이 있을수록 단 것으로 위로를 해야 한다"라고 말했다. A씨를 토닥여 준 사장은 CCTV를 확인한 뒤 "어차피 모르는 사람이다. 그리고 아는 사람이라고 할지라도 이런 사람은 두 번 다시 안 와도 된다"라며 도리어 A씨를 칭찬해 줬다.

글의 말미에 A씨는 "사장님이 다독여 준 덕분에 지금은 괜찮아졌다"라며 감사의 후기를 전했다. 지난 2018년 5월 4일, 알바몬 조사에 따르면 아르바이트생 1,106명 중 '갑질 피해 경험이 있다'라는 응답이 전체 81%에 달했다. 그런 가운데 A씨네 편의점 사장의 일화는 고용주들의 태도가 직원 및 아르바이트생에게 좋은 영향을 미칠 수 있다는 것을 시사한다(출처 : 인사이트 2018년 5월 11일).

이런 일들은 조직 사회에서도 종종 발생한다. 또 다른 사례를 살펴보자.

B씨는 10년 가까이 처음 입사한 회사에서 근무하고 있다. 시기에 따라 다양한 근무지에서 다양한 근무를 했다. 그러는 동안 B씨는 다양한 상사들과 함께했다.

상사의 주요 업무는 고객사의 지시 사항을 전달해 주거나 업무 현장에서 발생하는 다양한 사건을 고객사로 보고하고 중재 역할을 담당하는 것이다. 업무 운영 시, 다양한 변수들을 고려해야 하기 때문에 많은 노하우도 필요한 자리였다. 여러 명의 상사 중, 잊지 못할 한 사람이 있었다.

그 사람은 고객사로부터 업무 관련 문서가 도착하면 나에게 이메일을 전송한다. 그런데 메일을 확인하고 의문점이 들어 관리자에게 질문을 하면 자세히 아는 것이 없었다. 한 가지 업무만 하는 것이 아니니 그럴 수도 있다고 생각했다. 그런데 평온한 B씨 마음을 '퇴사'의 길로 인도한 사건이 있었다.

고객사 직원과 회의를 하던 중, 작은 의견 충돌이 있었다. 특정 사례에 대해 서너 마디 이야기가 오고 가던 중 더 이상 길어지면 논쟁이 될 수 있다는 생각이 들어서 적당한 선에서 이야기를 마무리하고 회의를 종료했다.

다음 날, 회사 관리자로부터 전화가 왔다. 전날 회의 중 있었던 사건으로 고객사로부터 항의가 있었다는 것이다. 관리자의 이야기를 종합해 보면 업무 담당자로서의 B씨 대응이 부적절했다는 것이었다. 앞뒤 상황을 충분히 설명했고, 회의 내용 재확인 용도로 녹음해 두었던 현장 상황 파일도 공유했다. 그럼에도 불구하고 회사는 B씨에게만 압력을 가했다. B씨가 고객사에 사과의 전화를 하는 것으로 사건은 일단락되었지만 속상함과 서운함을 감출 수가 없었다.

B씨도 회사의 입장은 이해한다고 한다. 자신의 편을 들기에는 다음 사업 계약에 있을 상황을 고려하지 않을 수 없었을 것이다. 그러나 그건 어디까지나 고객사에 대한 입장에서만 이해가 되는 것이다. 중간 역할을 하는 '관리자'의 입장이라면 '우리 직원'에 대한 입장도 충분히 표현되어야 하지 않을까 하는 생각이 들었다고 한다. 그 당시 B씨의 기분은 '회사'라는 배를 타고 망망대해를 가던 중 쿵쾅쿵쾅 발을 한 번 굴렀다고 그 넓은 바다로 버려진 느낌이었다고 한다. 앞으로 누굴 믿고 일을 해야 할까? 내 편은 아무도 없는 건가? 그 상황에서 자신의 입장을 조금이라도 생각하고 대변해 주었으면 했는데, 그런 노력의 의지가 없어 보여서 아쉬웠다고 한다.

취업 포털 사이트 '인크루트'의 설문조사에 따르면 조직에 몸담고 있는 사람들 중에서 퇴사를 결심한 순간은 '업무 로드가 많거나 업무 구조가 비상식적일 때'(27.8%)가 1위에 올랐다. 2위는 '동기나 상사 등 직장 동료와 관련해 문제가 생겼을 때'(18.6%), 3위는 '이직 제안을 받거나 이직을 확정 지었을 때'(14.8%), 4위는 '오랜 조직 생활로 잃어버린 내 생활을 되찾고 싶을 때'(11.3%), 5위는 '지금껏 그려왔던 퇴사 후의 구체적 계획을 실천해야겠다고 결심한 때'(8.4%), 6위는 '건강이 악화되었을 때'(7.8%), 마지막 7위는 '연봉 협상 전후'(7.4%)가 차지했다(출처 : 에듀 동아 2018년 4월 16일).

실제로 많은 사람들이 조직 내에서 어려움을 겪는 요소는 업무 관련, 그리고 그것과 관련한 동료와 문제가 발생했을 때이다. 직장과 아르바이트는 조금 다른 개념이 아니겠느냐고 생각할 수 있다. 아니다. 그들에게는 이곳이 처음 '사회'를 배우는 공간이기 때문에 '조직'이나 다름없다.

우리 직원들도 일하며 다양한 사건들을 겪을 때 즉각적으로 '퇴사'의 마음을 가지지는 않는다. '사회'를 알아 가는 과정이라고 생각하기 때문이다. 조직의 테두리에 들어온 이상 조직의 생리를 배우기 위한 기본적인 마음은 가지고 있기 때문이다. 물론 순간 치밀어 오르는 감정 때문에 그런 생각을 할 수도 있다. 그러나 쉽사리 그런 결정은 하지 않는다. 그런데 왜 그만두고 나가는 것일까? 어떠한 사건들 속에서도 '나의 울타리'가 없기 때문이다.

현장에서 발생하는 '위기'의 상황에는 여러 가지가 있다. 직원의 실수가 있을 수도 있고, 편의점 사례에서처럼 고객의 실수일 수도 있다. 어떤 위기의 상황에서도 당부하고 싶은 이야기는 직원들에게 '나의 울타리'가 되어 주는 리더십이 필요하다. 그렇게 하면 사장으로서 위신이 없지 않겠느냐는 이야기를 할 수도 있다. 리더십의 핵심은 '카리스마'가 아니다. 위기 상황이 발생했을 때 나무라고 다그치며 위신을 세우는 것은 과거 리더들의 모습이다. 그렇다고 무조건 착한 리더가 되라는 말은 아니다.

리더십은 가게 운영에 중요한 역할을 담당한다. 리더가 올바로 섰을 때 조직이 올바르게 서고 올바른 운영이 가능하게 된다. 사건이 발생하면 직원들의 마음 또한 편안하지는 않을 것이다. 이때 자신의 울타리가 되어 주는 누군가가 있다는 것만으로도 힘이 되고 그 대상을 신뢰하게 된다. 존경받는 리더가 되고 싶은가? 위기의 상황에서 '결정적인 리더십'이 필요하다. 올바른 리더십 아래에 사장과 직원이 뭉쳤을 때 우리 가게를 지속시키는 힘은 더욱 강해질 것이다.

우리 가게의 힘은 어느 정도일까?

우리가 가게를 지속시킬 수 있는 힘은 어느 정도 되는지 아래 항목을 체크해 보자.

(매우 좋음: 3점, 노력 필요: 2점, 개선 필요: 1점)

진단 항목	점수		
	3점	2점	1점
1. 출입구의 턱이 높거나 경사면이 가파르지 않는가?			
2. 출입문 주변에 물건이 적재되어 통행에 불편을 초래하지 않는가?			
3. 출입구 외부의 50m 이내에 종이컵이나 영수증 등으로 어지럽혀져 있지 않은가?			
4. 유리 벽면의 내외부는 주기적으로 청결한 관리를 하고 있는가?			
5. 가게 내부의 조명이 지나치게 밝거나 어둡지 않은가?			
6. 여름철, 겨울철의 냉난방 온도가 적절한가?			
7. 우천 시, 가게 내부 출입구는 청결하게 유지되고 있는가?			
8. 손님에게 제공되는 물컵, 수저, 양념통은 청결하게 유지되고 있는가?			
9. 테이블을 닦는 행주는 청결하게 유지되고 있는가?			
10. 손님이 인지해야 할 중요 사항들은 시선이 잘 닿는 곳에 적절하게 부착되어 있는가?			

11. 부착물이 떨어져 있거나 지저분하지 않은가?			
12. 화장실의 변기, 바닥, 거울, 세면대는 청결하게 유지되고 있는가?			
13. 소진된 화장실의 비품은 적절한 타이밍에 교체되고 있는가?			
14. 화장실의 문고리가 고장 난 곳은 없는가?			
15. 직원들의 앞치마는 청결하게 관리되고 있는가?			
16. 손톱이 지나치게 길거나 화려하지 않은가?			
17. 긴 머리는 깔끔하게 묶었는가?			
18. 업무 시작 전 개인 청결(손 씻기, 양치질하기)에는 신경을 쓰는가?			
19. 흡연 후 반드시 손을 씻는가?			
20. 지나치게 짧거나 몸에 딱 붙은 옷을 착용해서 업무에 방해를 초래하지 않는가?			
21. 가게 내부를 이동할 때 신발 뒤축을 끌고 다니며 먼지, 소음을 발생시키지 않는가?			
22. 손님이 입장하는 타이밍에 맞춰 인사를 하는가?			
23. 인사하는 목소리는 밝고 정확한가?			
24. 대화 중인 테이블에 음식을 서빙할 때는 적절한 양해 멘트를 사용하는가?			
25. 서빙 행동은 정중하되 적절한 속도감을 유지하고 있는가?			
26. 호출 벨이 울렸을 때 직원들은 정중하고 신속하게 반응하는가?			
27. 손님이 먼저 요청하기 전에 적절한 서비스(반찬 추가, 앞치마 선제공, 냅킨 채우기 등)가 제공되고 있는가?			
28. 손님의 퇴장에 맞춰 적절히 배웅 인사를 하는가?			
29. 대기 고객의 불편함을 감소시킬 수 있는 우리 가게만의 시스템이 마련되어 있는가?			

30. 대화할 때 시선은 정확히 손님을 응시하는가?			
31. 손님의 질문의 요구를 정확히 파악하고 있는가?			
32. 손님의 질문에 정확하게 답변하는가?('모르겠는데요' 등으로 회피하지 않는가?)			
33. 답변하는 말투는 정중하며, 정확한 목소리와 발음과 속도로 대화하는가?			
34. 손님과 대화 도중 말을 끊고 자신의 이야기를 하거나, 직원들과 대화하지 않는가?			
35. 직원들은 자신이 실수한 부분에 대해서는 정중히 사과하는가?			
36. 대기 중일 때, 벽에 기대어 휴대폰을 만지거나 큰 소리로 잡담을 하지 않는가?			
37. 직원들끼리 업무를 위한 대화는 상호 존중의 의미를 담고 있는가?			
38. 직원들이 손님을 대응하기 위해 사용할 수 있는 적절한 대화법이 마련되어 있는가?			
39. 직원들이 잠시 대기하거나 쉴 수 있는 공간은 마련되어 있는가?			
40. 브레이크 타임(잠시 손님이 없는 시간)을 효율적으로 활용할, 우리 가게만의 약속이 있는가?			

골목식당의 품격
잘되는 식당은 한 끗이 다르다

초판발행 2020년 1월 30일

지은이 김혜경
펴낸이 안종만 · 안상준

편 집 황정원
기획/마케팅 장규식
표지디자인 이미연
제 작 우인도 · 고철민

펴낸곳 (주) 박영사
서울특별시 종로구 새문안로3길 36, 1601
등록 1959. 3. 11. 제300-1959-1호(倫)
전 화 02)733-6771
f a x 02)736-4818
e-mail pys@pybook.co.kr
homepage www.pybook.co.kr
ISBN 979-11-303-0894-4 03190

정 가 11,000원